Marina Weisband, geboren 1987 in Kiev, studiert in Münster Psychologie. 2009 trat sie in die Piratenpartei ein, in der sie bis 2012 das Amt der Politischen Geschäftsführerin inne hatte. »Wir nennen es Politik« ist ihr erstes Buch.

TROPEN SACHBUCH

MARINA WEISBAND

WIR NENNEN ES POLITIK

IDEEN FÜR EINE ZEITGEMÄSSE DEMOKRATIE

Tropen
www.tropen.de

Printed in Germany
Umschlag: Herburg Weiland, München
unter Verwendung eines Fotos von Lars Borges
Gesetzt in den Tropen Studios, Leipzig
Gedruckt und gebunden von cpibooks, Leck
ISBN 978-3-608-50319-7

Bibliografische Information der Deutschen Nationalbibliothek:
Die Deutsche Nationalbibliothek verzeichnet diese Publikation in
in der Deutschen Nationalbibliografie; detaillierte bibliografische
Daten sind im Internet über <http://dnb.d-nb.de> abrufbar.

Inhalt

Einleitung

Nehmen Sie dieses Buch nicht zu ernst. Es ist von einer 24-jährigen Studentin geschrieben, also was kann man davon erwarten? Für ein gutes Buch über Politik benötigt man einen guten Überblick. Man braucht Erfahrung und sollte alles darüber wissen, wie Menschen in der Politik funktionieren und wie das politische Geschäft genau abläuft. Bloß weiß das leider keiner. Also behelfen wir uns mit mittelguten Büchern über Politik. Das heißt, nicht die Bücher selbst sind mittelmäßig, im Gegenteil, es gibt ganz hervorragende Bücher. Aber ihre Autoren haben immer nur eine begrenzte Perspektive auf die Dinge. Politiker haben ihre Erfahrung, Politologen und Soziologen stochern in ihren Wissenschaften herum und Psychologen können bestenfalls Aspekte des menschlichen Handelns erklären. Sie alle fügen ihre Kenntnisse und ihre Überlegungen zu einem Mosaik zusammen, das unser Wissen und Verständnis über politische Vorgänge darstellt. Und nicht einmal dieses Mosaik, dieses gemeinschaftliche Werk, macht wirklich verständlich, was wir tun. Und dann bin da noch ich. Ich habe fast keine Erfahrung. Ich habe mich auch nie tiefer mit Politologie befasst. Die Zeit, die ich in der Politik verbracht habe, beschränkt sich im Kern auf ein Jahr. Das interessanteste aller Jahre. Ein Jahr, in dem ich so viel gelernt habe wie in meinem ganzen erwachsenen Leben zuvor nicht. Es wäre doch sehr schade, meine darin gewonnenen Ideen nicht aufzuschreiben.

Man kann von diesem Buch nicht den großen Erfahrungsschatz erwarten, nicht die Erklärung unseres politischen Systems. Aber eines habe ich, was mein Mosaik wertvoll macht und worüber kein erfahrener Politiker verfügt – einen ungetrübten Blick auf das System, frei von Betriebsblindheit. Das ist nämlich das Problem mit Experten. Ein Experte wird einer, indem er sich jahrelang mit einem Thema beschäftigt. Er dringt immer tiefer in den Urwald seines Themas ein, bis er jeden Ast und jeden Stein auswendig kennt. Er kennt die Schleichwege und die gefährlichen Stellen, er nennt jeden Quadratzentimeter beim Namen. Und während den wahren Experten jeder neue Ast und jeder Spross fasziniert, verliert er nach und nach die Faszination für den Wald selbst. Oft vergisst er sogar, dass er sich in einem befindet. Oder dass es unweit davon auch einen See und eine Stadt gibt. Er vergisst die Menschen, die noch nie einen Wald betreten haben und die sich in seinem Reich fremd fühlen würden. Aus diesem Grund macht ein genialer Mathematikprofessor noch lange keinen guten Mathematiklehrer. Aus diesem Grund kann ein Anfänger einen erfahrenen Poker-Spieler schlagen. Als Experte ist man bestimmte Regeln und Prozesse so gewohnt, dass man sich nicht mehr in einen Laien hineinversetzen kann. Und das Schlimmste: Man kann sich schwerer an neue Gegebenheiten anpassen. Experten sind wichtig. Aber Laien an bestimmten Stellen eben auch. Wir sind auf Laien angewiesen, weil sie Fehler in vorhandenen Systemen schneller erkennen und naiv Fragen stellen. Laien werden umso wichtiger, wenn Umstände sich verändern. Denn gerade als Laien sind wir Menschen auch so anpassungsfähig – wir kommen unfertig zur Welt. In unserem Unwissen erkunden wir sie regelmäßig neu und finden neue Ideen, wie wir damit umgehen können.

Ich bin ein Jahr lang staunend wie ein Kind durch die höchste Organisation des deutschen Miteinanders, die Bundespolitik, gegangen und habe wunderschön ausgetüftelte Systeme und gewaltige Risse gefunden. Ich, als jemand, die sich in ihrem Leben niemals für Politik interessiert hatte, habe eine Leidenschaft dafür entwickelt, als ich verstanden habe, was sie im Kern ist. Also schreibe ich darüber. Fast ohne Erfahrung. Aber mit vielen, vielen frischen Ideen und mit viel Motivation.

Zuerst möchte ich klären, was Politik für mich bedeutet. Der Begriff selbst wirkt erst einmal abschreckend. Wenn man ihn ausspricht, weht im gleichen Atemzug der Geruch von Anzügen und Geld, Konferenztischen und weißhaarigen Männern mit. Er klingt nach Intrigen, Korruption, nichtssagenden Phrasen und Wahlplakaten. So sieht es zumindest für die meisten unpolitischen Menschen aus. Wenn man das unter Politik versteht, kann ich niemandem verübeln, dass er sich nicht dafür interessiert. Aber eigentlich ist Politik etwas ganz anderes.

Gehen wir doch einmal zurück zu den Wurzeln. Wenn wir wissen wollen, was Politik ist, müssen wir wissen, wer wir sind. Wir sind Homo sapiens, eine hoch entwickelte Spezies, die auf dem Planeten Erde haust. Jeder von uns hat den Drang zu lernen, zu entwickeln, in Kontakt mit anderen zu treten. Jeder von uns hat eine eigene Gedankenwelt und eigene Erinnerungen und Erfahrungen. Das macht uns alle wertvoll. Wir wollen, dass es uns möglichst gut geht, dass wir möglichst viel Wohlbefinden und Glück erlangen. Aber wir haben dafür verschiedene, egoistische Motive. Oft steht das Glück des Einen dem Glück des Anderen im Weg. Das macht die Sache recht kompliziert, denn wir leben in Rudeln und haben untereinander komplizierte soziale Gefüge aufgebaut.

Damit wir uns nicht gegenseitig die Köpfe einschlagen, haben wir Kommunikation entwickelt, die komplex genug ist, um uns auf Kompromisse und Regeln zu einigen. Zum Beispiel haben wir es geschafft, Territorien einzuteilen, in denen verschiedene Menschen verschiedene Rechte haben. Wenn beide Seiten die Grenzen achten, müssen sie nicht ständig darum kämpfen. So haben wir ein Stück Frieden erreicht. Jede Regel, auf die wir uns geeinigt haben, hat Vor- und Nachteile. Zwangsläufig verliert man an einer Stelle, gewinnt an einer anderen. Das ganze Ziel des Spiels ist also, die Regeln so festzulegen, dass möglichst viele dabei möglichst gut wegkommen. Politik bedeutet für mich genau das. Alle Menschen sollen durch Kommunikation und Festlegen von Regeln letztlich glücklicher werden. Das klingt banal, aber banal ist gut. Banal bedeutet, sich auf die Basis zurückzubesinnen und das eigentliche Ziel anzustreben. Wir leben heute in einer Welt, in der wir uns im komplizierten Gefüge aus gesellschaftlichen Konventionen, marktwirtschaftlichen Überlegungen und Unterhaltungsveranstaltungen so viele neue Ziele gesetzt haben, dass wir Gefahr laufen, die wichtigsten aus den Augen zu verlieren oder zu vergessen. Darum ist es gut, immer einen Schritt zurückgehen und eine Banalität formulieren zu können. »Der Ball ist rund«, »Bananen sind gut« und »Politik hat das Ziel, alle Menschen möglichst glücklich zu machen«.

Wir sehen, dass Politik erst einmal etwas ist, das von allen gemacht wird. Denn die Kompromisse unseres Alltags verhandeln wir selbst. Wir formen dadurch unsere Umwelt. Das Problem ist nun, dass die Zusammenhänge immer größer wurden und an einem politischen Prozess mehr Menschen beteiligt waren, als physisch daran teilnehmen konnten. Teilweise war die Entfernung zwischen den Menschen zu groß, teilweise passten nicht alle Beteiligten an einen Ort. Also entwickelte sich die Gepflogenheit, Repräsentanten zu wählen. Ich erspare mir an dieser Stelle eine ausführliche historische Betrachtung aller politischen Systeme. Wer sich dafür interessiert, kennt die Grundzüge schon; wer sich nicht dafür interessiert, für den spielt die Betrachtung keine Rolle. Denn über viele Umwege und Komplikationen sind wir hier in Deutschland bei einem Nationalstaat gelandet, der durch eine repräsentative Demokratie verwaltet wird, in der Abgeordnete vom Volk gewählt werden und über Gesetze – also Regeln und Kompromisse – abstimmen.

Jeder Mensch verfügt über die Macht, seine Umwelt zu verändern. Einen Teil dieser Macht gibt er durch seine Stimme einem Abgeordneten, der für ihn auf Landes- oder auf Bundesebene Entscheidungen trifft. Und das System war bisher in Ordnung. Es war nicht perfekt, aber es funktionierte seit dem Krieg ganz gut. Nur in letzter Zeit sehnen sich die Bürger so sehr nach mehr Mitbestimmung, dass man den misslungenen Begriff »Wutbürger« dafür erfand. Sie drückten große Unzufriedenheit mit der von ihnen selbst gewählten Regierung aus, sie begannen, auf die Straße zu gehen wegen Energieversorgung oder Bahnhöfen. Die Frage, die sich zuerst stellt, ist: »Womit sind sie unzufrieden?« Aber ich glaube, diese Frage ist nicht ganz treffend. Die Antwort auf diese Frage würde nur Symptome korrigieren, nur kleine Oberflächlichkeiten anpassen. Die richtige Frage ist: »Warum sind sie unzufrieden?« Die Antwort darauf lautet: weil das politische System nicht mehr der Zeit und den Umständen entspricht.

Politische Systeme unterliegen im Laufe der Zeit großen Veränderungen. Wir hatten Stammesherrschaft, Feudalismus, absolutistische Fürstenherrschaft, aufgeklärten Absolutismus, parlamentarische Monarchie, Republiken, repräsentative und direkte Demokratien, Oligarchien und viele Abwandlungen und Unterkategorien davon. Man kann jetzt behaupten, jedes dieser Systeme sei der Wille einzelner Akteure gewesen, so wie wir gern historische Ereignisse einzelnen Menschen zuweisen. Ich glaube, dass ein System, das sich lange gehalten hat, einfach gut an die Bedingungen und den Erfahrungsstand der jeweiligen Gesellschaft angepasst war. Eine Gesellschaft mit einer völlig ungebildeten Schicht entwickelt eine große Distanz zwischen Elite und Bevölkerung, weil nur wenige gebildete Funktionsträger in der Lage sind, über Konsequenzen ihres Handelns zu reflektieren, beziehungsweise dies dürfen. Das erlaubt ihnen, Entscheidungen für die Gesellschaft zu treffen. Gleichzeitig sichert ihre Bildung auch ihre Macht, denn niemand anders kann ihr Handwerk übernehmen. Solange Bildung nicht verfügbar und nicht erwünscht ist, ist das System gut angepasst. Wenige entscheiden, viele arbeiten. Das bewerte ich hier nicht moralisch, sondern nur funktional. Schwieriger wird es, wenn Wissen und Bildung sich als Wert in breiten Bevölkerungsschichten durchsetzen. Wenn die Anzahl derer, die zumindest lesen können, sich erhöht. Dann funktioniert ein großes Machtgefälle nicht mehr auf Dauer, wie wir an der Aufklärung und ihren langfristigen Folgen beobachten konnten. Natürlich ist das sehr vereinfacht ausgedrückt als Beispiel dafür, welchen Einfluss Bildung auf Politik nehmen kann. Politische Systeme ändern sich in Abhängigkeit von Erfindungen, Infrastruktur, Reichtum und Einstellungen in der Gesellschaft. Meiner Meinung nach sollte der Mensch sich das System suchen, in dem er unter gegebenen Umständen möglichst optimal über seine Lage, sein Glück oder Unglück, entscheiden kann.

Der Grund, warum ich dieses Buch überhaupt schreibe, ist, dass ich unsere Gesellschaft auf der Schwelle einer Veränderung sehe, die das jetzige politische System modifizieren wird. Unabhängig davon, ob wir das für richtig oder falsch, gut oder schlecht halten, wird eine Veränderung eintreten. Diese Veränderung hat mit einer scheinbar einfachen Erfindung zu tun.

Wie kann eine Erfindung die politische Landschaft verändern? Das wissen wir bereits. Es gab einmal einen Typen (sein Name war Thomas Newcomen; er geriet zugunsten von James Watt in Vergessenheit), der eine Maschine zum Abpumpen von Wasser baute. Die Maschine funktionierte mit Dampf und konnte Dinge drehen. Sie wurde im Laufe der Zeit immer weiter verbessert und – weil sie Dinge drehen konnte – für eine Vielzahl von Aufgaben eingesetzt. Man baute zum Beispiel ein Fortbewegungsmittel, das auf Schienen fuhr und viel schneller war als ein Pferd. Die Eisenbahn hat die Welt vernetzt und das Reisen verändert. Und nicht nur das Reisen. Durch den schnellen Transport wurden neue Geschäftsideen möglich. Durch das ganze Land legte man Schienen. So veränderte sich auch das Leben derer, die nie in ihrem Leben in eine Eisenbahn gestiegen waren. Durch ihr Dorf führte eine Strecke, das heißt, es gab einen Bahnhof. Es gab neue Arbeitsplätze und neue Produkte im Dorf, man erfuhr schneller Neuigkeiten und war mobiler. Mit den Bahnhöfen kamen die Bahnhofsuhren und damit vielerorts zum ersten Mal eine Art abstrahierte, objektivierte Zeit in das Leben der Menschen. Man muss mit einer Erfindung nicht in direktem Kontakt stehen, damit sie das eigene Leben verändert. Ein großer Teil der Arbeit wurde mechanisiert. Menschen wurden gebraucht, die diese Maschinen bedienten. Die Macht wurde neu verteilt. Nicht mehr der Schmied hatte die Macht über seine Arbeit, sondern der Besitzer der Maschine. Anfangs schöpften die Besitzer der Maschinen aus ihrer Machtstellung, doch dann kam die Bewegung der Arbeiter auf. Die Arbeiter wohlgemerkt, die es ein halbes

Jahrhundert zuvor noch gar nicht gegeben hatte und deren Rechte deshalb auch niemand vertrat – diese Arbeiter schlossen sich zusammen. Aus einer ihrer Vereinigungen ging in Deutschland die heutige SPD hervor. Sie hat seinerzeit die Rechte des Arbeiters definiert und sich dafür eingesetzt. So ging aus der Erfindung einer Dampfmaschine eine politische Partei hervor. (Und die industrielle Revolution und die globale Vernetzung, ein paar andere Revolutionen und eine ganze Menge mehr.)

Ich beschreibe dieses Beispiel, um zu zeigen, wie weitreichend die Folgen einer einzigen Erfindung sein können. Denn genau darum soll es gehen. Auch die Geschichte dieses Buches beginnt mit einer einfachen Erfindung.

Lange bevor man sich vorstellen konnte, was diese Erfindung werden würde, sprachen Menschen nur miteinander. Es war die einzige Art der Kommunikation – aber eine revolutionäre, was die anderen Spezies auf diesem Planeten betrifft. Um die Sprache festzuhalten, entwickelten sie die Schrift. Damit ermöglichten sie Kommunikation über die Grenze der Zeit hinweg – in die Zukunft. Außerdem konnten mehrere Menschen dasselbe Schriftstück in unveränderter Form lesen. Wir bauten darauf große Religionen auf, Gesetze wurden schriftlich festgehalten, Geschichten und Überlieferungen bekamen plötzlich eine ganz neue Lebensdauer. Die Schrift ermöglichte es uns, über Distanz zu kommunizieren. In einem Land konnte man etwas aufschreiben und es auf einem Stück Papier mit einem schnellen Pferd in ein anderes Land befördern. Der Empfänger konnte das Stück Papier dann lesen, eine Antwort verfassen und zurücksenden. Schriftverkehr dauerte damals lange, aber er vernetzte die Welt. In den ersten Gehirnen formte sich eine Vorstellung der Erfindung. 1833 sendeten Wilhelm Weber und Carl Friedrich Gauß eine Nachricht vom Physikgebäude in Göttingen zur Göttinger Sternwarte. Das wäre nicht weiter aufsehenerregend, wäre die Nachricht auf Papier übertragen worden. Doch sie wurde durch elektrische Impulse übertragen. Zunächst durch ein Kabel, später per Funk – der Telegraph ermöglichte Kommunikation über weite Strecken beinahe in Echtzeit. Kommunikativ war der Raum überwunden. Es fehlte noch eine zweite Erfindung, nämlich der Computer, um das Potenzial dieser Idee voll zu nutzen. Computer konnten nach und nach immer mehr Informationen gleichzeitig verarbeiten, sie lieferten eine gute Schnittstelle zwischen den vernetzten Kabeln und dem Menschen. Das Internet war geboren. Im Prinzip eine große Kommunikationsmaschine. Die ganze Welt kann in Echtzeit miteinander reden, einander zuhören, Informationen verbreiten, verarbeiten und veranschaulichen. Eine Vielzahl von Programmen hilft uns beim Filtern, Suchen, Visualisieren und Verstehen. Ohne die wären wir in einer Welt der elektrischen Impulse verloren. Aber gerade jetzt leben wir in einer wunderbaren Zeit, in der wir austesten können: Was geht noch alles? Was können wir mit diesem Internet tun? Sehenswürdigkeiten mit der Handykamera aufnehmen und ihre passenden Wikipedia-Einträge anzeigen? Kein Problem. Alle Bankautomaten in der Nähe verorten und den nächsten finden? Kein Problem. Wir arbeiten an Applikationen, mit denen wir in einer Bar auf unserem Handy einen Drink wählen und digital bestellen können. Wir lassen das Netz in alle Bereiche unseres Lebens vordringen. In fast alle, jedenfalls. Bislang haben wir dabei scheinbar einen seltsamen Bogen um die Politik gemacht. Ich sage »scheinbar«, denn in Wirklichkeit warten Menschen nicht darauf, dass offizielle politische Stellen eine Erfindung für sich entdecken. Das Internet wird schon seit einer Weile politisch genutzt. Unsere Aufgabe als Staatsbürger besteht also darin, zu erkennen, wie und wo man das tut und was davon man eben offiziell übernehmen könnte, damit alle daran teilhaben können. Es geht darum, die Chancen eines Kommunikationsnetzwerks für optimale politische Kommunikation zu nutzen. Ich werde einen Einblick darüber geben, was ich mir unter geeigneten und ungeeigneten Werkzeugen vorstelle. Doch wer sagt, dass Politiker nur »das Internet« verschlafen hätten, der übersieht das Wesentliche. Dass nämlich das Internet nicht nur unsere Art zu kommunizieren verändert hat, sondern auch unsere Art zu denken.

Ich lehne mich mal aus dem Fenster und spreche für meine Generation. Die meisten von uns sind damit aufgewachsen, Nachrichten nicht einfach nur aus Fernseher, Zeitung und Radio zu empfangen und unkommentiert stehen zu lassen. Wir haben sehr früh Nachrichten auch über das Internet bekommen. Dort hatten sie eine besondere Eigenschaft – sie konnten kommentiert werden. Vereinfacht gesagt bin ich mit der Gewohnheit aufgewachsen, zu allem meinen Senf dazuzugeben. Artikel konnten nicht nur gelesen und geglaubt werden, sondern auch mit anderen Artikeln verglichen, recherchiert und besprochen werden. Das Internet hat mich als Jugendliche von der Illusion befreit, es gäbe nur eine Wahrheit. Ich bin also auch damit aufgewachsen zu hinterfragen. Mit diesen beiden Gewohnheiten – Fragen zu stellen und zu kommentieren – gehe ich nun also durch die Welt und frage mich: Warum kann ich das in Foren und auf Nachrichtenseiten tun, aber nicht in der Politik? Warum kann ich nicht genauso schnell Informationen bekommen und Feedback senden an die Stelle, die über viele Bereiche meines Lebens bestimmt? Ist das nicht viel wichtiger als der Austausch in Anime-Foren? Das ist es. Das ist der Grund, warum meine Generation mit dem jetzigen Politiksystem unzufrieden ist. Neben all seinen Schwächen bezüglich Korruption, Inhaltsleere, Richtungslosigkeit und all den anderen Vorwürfen ist die größte Schwäche des aktuellen politischen Systems: Es passt nicht mehr zu unserem Denken.

Dabei müssen wir natürlich im Blick behalten, dass das Internet nicht die Lösung aller Probleme ist. Viele befürchten, dass Leute wie ich sich dafür einsetzen, möglichst alles digital zu gestalten, dass die Welt vor ihnen davonrennt, dass alles schneller und blinkender sein muss. Aber das stimmt nicht. Ich selbst sehe im Internet viele Probleme. Zum Beispiel trägt es neben anderen Medien dazu bei, unsere Aufmerksamkeitsspanne zu verringern. Wir gewöhnen uns daran, drei Dinge gleichzeitig zu tun und in einem immer schnelleren Wechsel der Themen zu existieren. Wir kommen kaum noch zur Ruhe, weil wir immer und überall erreichbar sein und alles wissen müssen. Wir sprechen im Schutz der scheinbaren Unsichtbarkeit schlimme Dinge gegenüber anderen aus. Das sind alles Probleme, mit denen wir uns befassen müssen. Aber sie sind kein fester Bestandteil der vernetzten Kommunikation. Sie sind eher ein Zeichen mangelnder Medienkompetenz bei uns allen. Je älter das Medium wird, desto mehr Verhaltensregeln im Umgang damit lernen wir. Zum Beispiel müssen wir als Gesellschaft erst noch begreifen, dass am anderen Ende des Chats auch ein Mensch sitzt, der Emotionen hat. Wir müssen für uns Regeln aufstellen, wie wir mit E-Mails verfahren, die uns im Urlaub erreichen. Das sind Fragen des Umgangs, nicht der Infrastruktur selbst. Denn wann immer etwas Neues auftaucht, tut es gut zu sehen, wo die Chancen und Gefahren liegen, und mit beidem umzugehen. Ich plädiere dafür, die Chancen politisch zu nutzen.

Es geht mir in diesem Buch nicht darum, mit einer bösen Kaste von Politikern abzurechnen. Sie sind nicht böse und viele ihrer Taten in der Vergangenheit, und teilweise auch in der Gegenwart, erfüllen mich mit Hochachtung. Ich will vielmehr eine Hilfestellung liefern, damit wir den Anpassungsprozess, der vor uns steht, möglichst gut hinbekommen.

Es geht mir in diesem Buch auch nicht darum, Werbung für die Piratenpartei zu machen. Ich bin Mitglied der Piratenpartei, ich hatte mal eine wichtige Funktion inne und ich bin sehr froh darüber, in dieser Partei zu sein. Natürlich habe ich das Gefühl, dass sie am meisten über diese Veränderungen nachdenkt, womit ich mir auch ihren Aufstieg erkläre. Aber ausnahmsweise geht es nicht um eine einzige Partei. Mir geht es um die Gesellschaft. Mir geht es darum, dass möglichst viele andere Parteien diese Ideen übernehmen. Mir geht es besonders aber auch um alle Menschen, die nicht Mitglied einer Partei sind. In Wirklichkeit lastet die Verantwortung jetzt auf ihren Schultern. Denn eine gesellschaftliche Veränderung ist nicht Sache »derer dort oben«. Eine gesellschaftliche Veränderung betrifft alle. Man muss sie nur wollen.

Warum will ich diese Veränderung so sehr? Warum will ich, dass mehr Bürger in der Politik mitsprechen können, mehr Mitgestaltung über Online-Werkzeuge, Einsicht in politische Prozesse? Warum will ich Menschen bilden, aufklären, ihnen die schwere Last von Verantwortung geben? Vor allem – warum sollten sie das wollen? Weil wir es können. Nein, ernsthaft – wir haben erst jetzt die Möglichkeiten für derartig optimierte Kommunikation zwischen allen. Und das bedeutet, dass wir die Bedürfnisse der anderen besser einschätzen können. Und das bedeutet, dass wir bessere Kompromisse schließen können. Ohne Verzerrungen durch überproportional mächtige Interessenvertreter. Es bedeutet schließlich, dass wir alle im Schnitt ein bisschen glücklicher werden. Und das ist die Aufgabe, richtig?

Ich will kurz umreißen, was ich in diesem Buch vorhabe. Zunächst muss ich tatsächlich darauf eingehen, was eigentlich gerade mich dazu legitimiert, einen Vorstoß zu wagen und Dinge verändern zu wollen. Ich kann ein wenig von meinen Erfahrungen in einer Partei, in der Politik und in der Öffentlichkeit berichten. Ich habe Menschen getroffen und Thesen gehört, ich habe mich selbst argumentativ besiegt und beharre bis heute auf einigen notwendigen Veränderungen. Ich werde Abläufe der Politik aufzeigen, die modernisiert werden können. Wie Prozesse, die zurzeit nicht zielführend sind, durch feste Regeln, dynamische Strukturen und Nachvollziehbarkeit verbessert werden können. Und ich werde mich dem großen Thema widmen, was man von den Menschen erwarten muss, die sich in solch einem veränderten politischen System bewegen. Damit meine ich sowohl die Menschen, die einen überwiegenden Teil ihrer Zeit in Politik investieren und darum Politiker genannt werden, als auch die Menschen, die damit scheinbar nichts zu tun haben, in Wirklichkeit aber alles beeinflussen. Denn große Teile unserer wahrgenommenen Missstände sind gar nicht durch Regeln und Gesetze aufzuheben. Vieles liegt im menschlichen Verhalten. Verhalten ist etwas, das einerseits sehr leicht zu ändern ist, weil jeder es tun kann, andererseits sehr schwer, weil jeder es tun muss. Wenn wir also Politik ändern wollen, muss jeder von uns das tun, nicht nur »jemand dort oben«. Und hier schließt eine wichtige Warnung an, die ich gleich am Anfang loswerden will.

Wenn man politische Thesen formuliert, liegt dem immer ein bestimmtes Menschen- und Weltbild zugrunde. Stark verkürzt kann man sagen, dass sich darauf die verschiedenen politischen Parteien und Lager gründen. Viel Politik, die Sicherheit verschärft und neue Regeln und Verbote einführt, basiert auf grundsätzlichem Misstrauen gegenüber vielen Menschen. Die Erwartung, dass eine gute Regelung zu Schlechtem missbraucht werden kann, hat manche gute Regelung verhindert. Mein Weltbild geht genau vom Gegenteil aus. Politik, wie sie meiner Meinung nach funktionieren sollte, hat viel mit Mitbestimmung, mit Interesse und Engagement zu tun. Sie geht von Bürgern aus, die halbwegs gebildet und interessiert sind, fair und mehr oder weniger fähig zu Reflexion. Utopisch, nicht wahr? Ich fordere viel von den Menschen. Mir wird oft unterstellt, dass dieses Menschenbild übertrieben positiv sei, dass ich nur mal abends mit dem Bus fahren müsse, um zu sehen, für welche Menschen ich Politik mache. Und dann kommt auch noch Churchill in meinen Kopf und behauptet, das größte Argument gegen Demokratie sei ein fünfminütiges Gespräch mit dem durchschnittlichen Wähler. Dieser Gedankengang ist der Hintergrund jeder Regelung, die Mitbestimmung hier und da aus pragmatischen Gründen beschneiden will. Auch ich kann mich nicht davon freisprechen, immer wieder anzuzweifeln, ob das, was ich erreichen will, so eigentlich realistisch ist und ob ich nicht zu viel vom Menschen halte. Aber ich glaube nicht, dass ich zu viel vom Menschen halte. Denn »Menschenbild« setzt etwas Statisches voraus, Menschen und ihre Umwelt befinden sich aber in einem dauerhaften, gegenseitigen Beeinflussungsprozess.

Wer damit aufwächst, etwas entscheiden zu können, wird auch größere Verantwortung für diese Entscheidung zu übernehmen lernen, als jemand, der immer bevormundet wurde. Bürger von der Politik fernzuhalten, weil sie was kaputt machen könnten, ist eine grundsätzlich problematische Haltung. Wir können auch Kinder von der Straße fernhalten, weil ihnen etwas passieren könnte. Wir dürfen dann nur nicht erwarten, dass sie sich als Erwachsene souverän im Straßenverkehr bewegen. Ich will das mit der Demokratie so weit wie möglich ausgestalten. Grundlegend dafür erscheint mir das Vertrauen in Menschen. Und obwohl ich bei manchen E-Mails oder Leserkommentaren bisweilen Zweifel an meinem Weltbild bekomme, bleibe ich doch bei der steilen These, dass ein adäquateres politisches System auch besseren menschlichen Umgang bedingen wird. Ich will auf die Mechanismen, die ich dahinter vermute, später ausführlicher eingehen. Aber ich glaube daran, dass es aus dem Wald hinausschallt, wie wir hineinrufen. Ich habe darüber nachgedacht, seit ich klein war. Es ist ja kein Zufall, wenn man sich mit solchem Irrsinn beschäftigt. Ich will im Folgenden darauf eingehen, wie viele Faktoren erst zusammenkommen mussten, um diese Gedanken reifen zu lassen.

Kurz aus dem Leben

»Wenn du dich nicht um Politik kümmerst, kümmert sich die Politik irgendwann um dich.«

Russisches Sprichwort

Als der Jubel losbrach, bewegte ich mich nicht. Alle außer mir waren aufgestanden, der ganze Saal applaudierte. Meine Tischnachbarn lächelten mir zu, legten mir Hände auf die Schultern. Nur ich bewegte mich nicht. Ich glaube nicht, dass ich damals einen bestimmten Gesichtsausdruck hatte. Es war alles wie in Watte gepackt. Das Lächeln einer Berlinerin, die Kameras für den Webstream, der Versammlungsleiter auf der Bühne, der irgendwas von mir wollte; das war alles weit weg. Die Zeit war für einige Sekunden stehen geblieben und hatte eine tiefe Kerbe in meine Biographie geschlagen. Wie eine Markierung, nach der alles anders werden sollte.

Schließlich musste ich doch auf die Bühne, ich ging ruhig hin und ließ mir nichts anmerken. Nicht, dass ich dafür irgendwas unterdrücken musste. Ich fühlte in diesem Moment nicht viel. Der Wahlleiter fragte: »Nimmst du die Wahl zur politischen Geschäftsführerin an?«

Das war reine Routine. Ich sah ihn unsicher an. »Ist mir eine Gegenfrage erlaubt?«, fragte ich gleichzeitig ihn und das Mikrophon.

»Ja, natürlich.«

»Werdet ihr mir helfen?« Diesmal hatte ich mich wirklich nur an den Saal gewandt. Gar nicht so üble Parteitagsrhetorik, hätte man mir meine echte Verzweiflung nicht so deutlich angemerkt.

Doch wieder ertönte ein Jubel. Der Wahlleiter legte das als »Ja« aus. Auch ich erwiderte daraufhin: »Ja.«

Das war ein Wendepunkt in meinem Leben. Ich würde gern behaupten, es sei der erste gewesen.

Es ist immer ziemlich seltsam, über sich selbst zu schreiben. Man fühlt sich, als würde man scheinbar unwesentliche Details in den Vordergrund spielen, während doch das Wesentliche – die politische Aussage – im Mittelpunkt steht. Der Verlag war der Ansicht, dass meine Biographie eine wichtige Rolle spielt. Ich denke, das könnte sogar richtig sein. Es wäre langweilig und verfälschend, trockene Thesen außerhalb ihres Zusammenhangs mit einem Leben zu formulieren. Denn – und das ist das Wichtige – Politik spielt sich nicht außerhalb des Lebens ab. Jede persönliche Geschichte ist der Grund dafür, dass wir uns überhaupt Gedanken um so etwas wie eine Gesellschaft machen.

Ich will also dieses Kapitel kurz meiner eigenen Geschichte widmen, die deshalb interessant ist, weil ich aus einer Umgebung komme, in der mich nichts auf Politik vorbereitet hat. Entgegen aller Wahrscheinlichkeit bin ich auf meinem Posten gelandet. Irgendwie aber auch wieder nicht entgegen aller Wahrscheinlichkeit. Denn die Geschichte meiner Familie – wie viele Geschichten von Migranten – lässt sich gut mit einem russischen Sprichwort erklären: »Wenn du dich nicht um Politik kümmerst, kümmert sich die Politik irgendwann um dich.« Viele Menschen sind Opfer von Systemen geworden, die sie nie zu beeinflussen gewagt oder vermocht haben. Diese Lektion musste ich irgendwann verstehen. Und hier liegt vielleicht der Schlüssel dazu, wie Menschen Verantwortung für eine Gesellschaft übernehmen.

Ich wurde in eine auseinanderfallende Welt geboren. Kurz vor meiner Geburt flog unweit meines Heimatorts ein

Atomkraftwerk in die Luft. Einige sagen, es flog in die Luft, weil der Staat, in dem es existierte, so morsch war. Dass politische Entscheidungen in einem nicht mehr funktionalen System diesen Unfall provoziert hätten. Jedenfalls passierte es; und völlig ungeachtet dessen kam ich trotzdem zur Welt. Meine Familie lebte in Kiew, der riesigen, geschichtsschwangeren Stadt am Dnjepr, und existierte im normalen sowjetischen Alltag mit Milchkuchen und Basaren und gemusterten Tapeten. Wir hießen damals Onufriyenko, weil es angenehmer war, als den jüdischen Namen Weisband zu tragen. Den nahmen wir erst in Deutschland wieder an. Von diesen Befürchtungen und Namenswechseln wusste ich nichts, niemand hatte sich die Mühe gemacht, mit mir darüber zu sprechen. Meine Eltern arbeiteten beide, meine Mutter in einer Bank und mein Vater am Computer. Er war Programmierer – und Visionär. Er schrieb Artikel über objektorientierte Programmierung, als sich noch niemand dafür interessierte. Mir erzählte er von Sozionik, einer Theorie über zwischenmenschliche Zusammenarbeit, vom Unterbewusstsein und von vielem mehr. Wenn er mich irgendwo hinbrachte, las er dabei immer ein Buch und ging zu schnell. Ich habe das meiste von dem, was er mir erzählte, nicht verstanden, fand es aber immer interessant.

Meine Mutter war sehr liebevoll und vom ersten Schwangerschaftsmonat an von glühender Leidenschaft für frühkindliche Bildung erfüllt. Sie las die Bücher von Boris und Lena Nikitin, die mit elf Kindern von frühstem Toilettentraining bis zu pädagogischem Spielzeug einen gewaltigen Erfahrungsschatz und viele Ratschläge im Bezug auf die Entwicklung von Kleinkindern hatten. Ich wuchs mit selbstgebastelten Würfeln, Puzzlespielen und unfassbar vielen Büchern und Gedichten auf. Ich liebte diese Welt der Literatur von ganzem Herzen und zwang meine Mutter förmlich, mir immer wieder Geschichten vorzulesen, die ich längst auswendig kannte. Sie nahmen mich mit ins Ballett und unterhielten sich mit mir stets wie mit einer Erwachsenen. Mir wurde früh Verantwortung für meinen kleinen Bruder übertragen und ich entwickelte mich zu einem dieser furchtbar perfekten Vorzeigekleinkinder, die durch gehobene Sprache und ausgesucht höfliches Benehmen auffallen.

Ich komme allerdings auch nicht umhin – weil es wichtig für die Geschichte ist – zu erzählen, dass ich als Kind sehr krank war. Es begann etwa in meinem zweiten Lebensjahr als Immunschwäche und setzte sich in einer Reihe von Folgekrankheiten fort. Es war damals nicht außergewöhnlich, ich war »eben ein Tschernobyl-Kind«. Ich verbrachte große Teile meiner Kindheit im Bett, wo Bücher und Zeichenpapier meine einzige Ablenkung waren. Entsprechend früh musste ich lernen, selbst zu lesen. Ich schrieb Briefe, die ich oft mit dem Namen der Heldin des Buches, das ich gerade las, unterschrieb. Ich tat immer so, als sei ich jemand anders. Das ist normal, wenn man selbst zu sein gerade zufällig langweilig ist. Ich zeichnete und pflegte alle möglichen Arten von Eskapismus. Natürlich kam ich in meiner Situation, trotz meines Alters, nicht umhin, auch an den Tod zu denken. Als ich vier war, fragte ich meine Großmutter: »Aber Gott wird doch nicht zulassen, dass ich sterbe, oder?« Dieser Satz ist erhalten geblieben, weil er in unserer streng atheistischen Familie bemerkenswert war.

Etwa um diese Zeit zerbrach die Sowjetunion endgültig und die Grenzen öffneten sich. Besonders für Juden bestand jetzt die Möglichkeit, das Land zu verlassen. Sie flohen nach Israel, in die USA oder nach Deutschland.

Unsere Familie blieb damals im Land. Wir waren eine normale Familie, die sich wenig für die äußeren Umstände interessierte. Wir wollten einfach unser Leben leben. Einzig das Oberhaupt der Familie, mein Großvater David Semenowitsch Weisband, behielt die Umstände immer genau im Auge. Er war politisch interessiert, las Zeitungen und sah die Nachrichten. In den 1990ern war er selbst fast 90 Jahre alt. Als alter Offizier der Roten Armee betrachtete er die aus dem Land Fliehenden mit Skepsis. Er blieb und also blieben alle. Aber er beobachtete sehr genau, denn er hatte seit seiner Geburt vielfach erlebt, was Politik anrichten kann. Den Ersten Weltkrieg, die Revolution, die stalinistischen Säuberungen, den Zweiten Weltkrieg, die Ausschreitungen und Repressalien gegen Juden. Als die Lage im Land sich immer weiter verschlechterte, befürchtete er, dass der in der Sowjetunion ohnehin vorhandene Antisemitismus eskalieren würde. Und dann, 1993, sagte er plötzlich: »Wir gehen.«

Und die gesamte Familie folgte ihm nach – ironischerweise – Deutschland, wo er zuletzt während des Krieges gewesen war. Jahre später würde er in seiner kleinen Dortmunder Wohnung über selbstgekochtem Borschtsch sitzen und erklären: »Ich wusste, dass sie nie gehen würden, wenn ich nicht gehe. Ich bin alt, ich habe mein Leben eh hinter mir. Aber so sind sie wenigstens rausgekommen. Rauskommen mussten sie.«

Auch mein Vater folgte. Meine Mutter blieb mit mir und meinem kleinen Bruder zurück. Sie wusste nicht, ob sie nachkommen sollte. Sie hatte ein Baby und Arbeit und konnte sich ein Leben ohne ihre Heimat nicht vorstellen. Ich wurde aber immer kränker und die Ärzte immer ratloser. Als die einzige Medizin, die sie mir verschreiben konnten, Hoffnung war, beschloss meine Mutter, ebenfalls in den Westen zu folgen. Dort würde es bessere Ärzte geben, bessere Untersuchungsmethoden – oder wir wären wenigstens weiter weg von Tschernobyl. Vielleicht war es nicht die rationalste Entscheidung, aber es war die Entscheidung einer Mutter, die das Leben ihres Kindes retten will. Sie griff nach Strohhalmen. 1994 packte sie ein paar Koffer, nahm meinen Bruder auf den Arm, mich an die Hand und ging zum Flughafen. Ich hatte in einer kindlich überdramatischen Geste meiner Freundin die wenigen Puppen vererbt, die mein Vater mir aus Deutschland geschickt hatte. Kostbare Raritäten damals. »Hier, nimm sie«, hatte ich gesagt: »Wo ich hingehe, gibt es noch viel mehr davon.«

Ansonsten bekümmerte mich im Wesentlichen, dass ich meinen Kater und mein Klavier zurücklassen musste. Meine Mutter hingegen fand sich mit zwei Kindern und schweren Koffern völlig allein am Frankfurter Flughafen wieder, wo sie von einer fremden Sprache und fremden Menschen umgeben war, ohne Hilfe, ohne Geld. Wir blieben kurz in einer Notwohnung in Dortmund (»Notwohnung« nannte man diese Flüchtlingscontainer). Dann zog

Mutter mit uns bei meinem Vater in Wuppertal ein, klammerte sich nachts an uns und weinte.

Es tut mir leid, dass ich das nicht lockerer oder witziger beschreiben kann. Aber so war es nun mal. Es ist schwer zu vermitteln, welche Schuld man auf sich fühlt, wenn ein anderer Mensch buchstäblich alles geopfert hat, um dein Leben zu retten, sogar wenn es die eigene Mutter ist. Ich könnte natürlich all die lustigen Missverständnisse schildern, die jemandem ohne Deutschkenntnisse so passieren. Aber Migration wird in der Psychologie nicht grundlos als traumatisches Lebensereignis betrachtet. Es ist weit mehr als der Wechsel des Wohnortes. Für viele ist es der Ausfall von Kommunikation mit der Außenwelt, eine Verdrehung sämtlicher bekannter Regeln, eine neue, oft feindliche Umwelt. Die Umgangsformen verlieren jeden Bezugsrahmen und es gibt niemanden, der helfen kann, sich zu orientieren. Dass es inzwischen mehr Integrationsprogramme gibt, ist ein Verdienst der Bundesrepublik. Aber es muss noch viel mehr geben. Denn irgendjemand muss Menschen auffangen, denen der Boden unter den Füßen entrissen wurde. Wir müssen zu einem umfassenden Verständnis für die Lebenssituation von Migranten kommen, damit integrationspolitische Maßnahmen erstens sinnvoller werden und zweitens mehr Akzeptanz in der Gesellschaft erfahren. Es ist nicht Mitleid, das ich mir für Immigranten wünsche, sondern lediglich eine Struktur, die es ihnen erlaubt, dieses Land zu einem neuen Zuhause zu machen. Ich erinnere mich an die Angst meiner Mutter und ich schwor mir, dass nichts von dem vergebens sein würde. Dass ich alle meine Fähigkeiten gebrauchen würde, um der Gesellschaft zu dienen. Nicht zuletzt beschäftige ich mich heute mit der Anerkennung ausländischer Abschlüsse, weil nicht nur meine Mutter, sondern auch viele unserer Bekannten in ihrem Heimatland völlig umsonst studiert haben. Sie mussten in ihrem neuen Land entweder eine neue Ausbildung machen oder weit unter ihrer Qualifikation arbeiten. Der Absturz von einem behüteten Leben ins Nichts ist ein Motiv, das ich in meinem Umfeld wieder und wieder sah und mich sehr dazu motivierte, Dinge zu verändern.

Unser Flugzeug landete in Deutschland im Frühling, am Ende des Sommers musste ich in die Schule. Eigentlich hatte ich mich auf die erste Klasse der Ukraine vorbereitet. Ich konnte lesen und schreiben, schrieb in meiner Freizeit unter Anleitung meiner Mutter Diktate und Aufsätze auf Russisch. Deutsch hingegen konnte ich gar nicht. Am ersten Schultag im August war ich also sehr nervös. Wir waren eben zum dritten Mal innerhalb weniger Monate umgezogen und alles war noch in Kisten verstaut. Meine Mutter packte mir eilig die Sachen.

»Was ist, wenn mich in der Schule jemand anspricht und ich verstehe überhaupt nichts?«, fragte ich besorgt. »Das wirst du schon schaffen«, antwortete sie. Mehr nicht. Aber was hätte sie auch sagen sollen? Meine Schulzeit begann unzeremoniell, ohne Schultüte, ohne Begleitung. Nach einigen Wochen riet die Schulleitung meinen Eltern, mich erst einmal in Kur zu schicken, um etwas gegen meine Krankheit und mein Untergewicht zu tun. So verbrachte ich die Wochen und Monate abwechselnd in der

Schule und an der Nord- und Ostsee, in Solebädern, auf Diäten und bei diversen Untersuchungen. Ich war bei den Kuren von meinen Eltern getrennt, und damit von jedem, der meine Sprache sprach. Ich brauche nicht zu erwähnen, dass das beängstigend und unangenehm war, aber es hatte zwei nette Nebeneffekte. Erstens wurde ich wieder halbwegs gesund. Zweitens lernte ich nicht nur schneller Deutsch, sondern auch, mich an neue Situationen anzupassen. Ich beobachtete, was die anderen Kinder aßen, was sie sangen und spielten, was bei ihnen bestraft und was belohnt wurde. Natürlich gab es oft Missverständnisse. Ich wurde ewig dafür angepflaumt, dass ich alles zu langsam tat. Meiner Familie hingegen wurde ich mit der Zeit zu ungeduldig. Ich versuchte, die Geschwindigkeit meines Redens und Handelns der Umgebung anzupassen. Aber so richtig ist mir das nie gelun-gen. Ich spielte nicht Fangen, ich saß lieber auf der Bank und sang. Ich mied Konflikte und zog mich oft zurück. Es war ein riesiges Glück, dass einige Mädchen in meiner Straße mich ständig nach draußen zum Spielen riefen und mir die Feinheiten der deutschen Sprache beibrachten. Dafür bin ich ihnen dankbar, von allein hätte ich das nicht getan.

Ich mochte die Schule. In Deutsch kam ich allerdings kaum mit. Meine Aufsätze waren grottenschlecht, ich machte Fehler in Diktaten. Ich hatte das mit den Nomen und Verben im Deutschen noch nicht ganz umrissen, als wir schon bei den Fällen waren. In Mathematik fühlte ich mich deutlich wohler. Im dritten Schuljahr arbeitete ich im Herbst schon das Mathebuch bis zum Ende des Jahres vor. Die Lehrerin bestellte damals meine Mutter zu sich und schimpfte, dass das so nicht gehe. Ich könne ja gar nicht mit anderen Kindern verglichen werden, wenn ich schon vorarbeite. Ich hingegen verstand nicht, was daran schlecht sein sollte, wenn ich irgendwas schnell lerne. Ich verstand nicht, was der Wert der Vergleichbarkeit aller Kinder war. Ehrlich gesagt, ich verstehe es bis heute nicht. Wir haben es mit völlig individuellen Kindern zu tun, von denen so ziemlich jedes seine eigenen Stärken und Schwächen hat. Wir zwingen in den einzelnen Fächern aber die Langsameren dazu, sich den Schnelleren anzupassen und umgekehrt. Das Lerntempo ist letztlich nur für wenige richtig und wir kämpfen mit schlechten Lernerfolgen auf beiden Seiten. Man könnte jetzt argumentieren, dass wir uns individuellere Förderung nicht leisen können. Aber, mit Verlaub, das ist gigantischer Schwachfug. Wenn wir uns überlegen, welcher Teil des wirtschaftlichen Erfolgs eines Landes von guter, früher Bildung seiner Bevölkerung abhängt, dann müssen wir uns sehr ernsthaft über eine Reform des Bildungssystems unterhalten. Aber ich schweife ab, darüber will ich später schreiben.

Ich war 13, als ich meinen ersten Zugang zum Internet bekam. Die ersten paar Monate verbrachte ich eigentlich nur auf der Suche nach Katzenbildern und lernte ein wenig Java-Programmierung. Dann aber entfaltete sich für mich im Internet eine ganz neue Welt, die mein Denken ganz anders strukturierte.

Wenn man »anders« ist – und das ist ein schlechtes Wort, denn alle sind anders, ich meine aber so anders, dass man irgendwie nicht in seine unmittelbare Gesellschaft passt –, dann ist das größte Problem die Statistik. Nehmen wir an, man teilt seinen Humor und seine – möglicherweise kruden – Interessen mit etwa 1 % der Bevölkerung. Die eigene Altersgruppe an der Schule besteht aus 120 Personen. Statistisch zu erwarten ist, dass eine Person in die richtige Kategorie fällt, und das ist man selbst. Das Internet hingegen bietet Zugang zu einer beinahe unbegrenzten Zahl an Menschen. So passiert es, dass sich dann plötzlich Hunderte zusammenfinden, die vorher, jeder für sich, allein waren.

Ich interessierte mich damals für alles Mögliche. Besonders las ich mich in verschiedene Religionen und in Esoterik ein. Ich beschäftigte mich ein Jahr lang mit dem Ziel, etwas Nützliches zu erfinden, ohne eine Ahnung zu haben, was es werden soll. Ich lernte aus einer Schnapsidee heraus auch Japanisch und mochte japanische Manga und Anime, als diese in Deutschland noch unbekannt und kaum verfügbar waren. So fand ich zu einem Internet-Forum, das »Evanet« hieß. Es war eine Interessengemeinschaft rund um den Anime »Neon Genesis Evangelion«. Auch und gerade wenn Sie bis jetzt noch immer nichts davon gehört haben, können Sie sich vorstellen, wie obskur dieses Interessengebiet war, und ich habe vollstes Verständnis für meine Mitschüler, wenn ich unter ihnen nur eine einzige Person fand, die meine Leidenschaft teilte. Online waren es naturgemäß eben mehr. Zum Evanet gehörten ein Forum und ein Kanal im IRC-Chat, in dem fast immer jemand rumhing. Administriert wurde das Ganze von einem gewissen Steven Schalhorn, den wir nur als Iki kannten, und dann bald auch von mir. Ich kam nach der Schule nach Hause und wählte mich erst mal ins Internet ein. Das hat gestört, weil wir damals nicht gleichzeitig telefonieren konnten. Als ich in den Chat kam, saßen da zehn bis zwanzig meiner Freunde. Wir wussten alles übereinander. Wer wann seine Klausuren hatte, wer zuhause Probleme hatte, welche Geschwister, welche Traumata. Gut, wir wussten vielleicht nicht, wie der Gegenüber wirklich hieß. Aber das nur, weil wir nie gefragt hatten. (Was zu interessanten Szenen führte, wenn wir einander anriefen und die Eltern rangingen: »Guten Tag, Frau äh … Ist Iki zuhause? Also … Ihr Sohn … ähm.«) Schon bald wurde es von niemandem mehr als »virtueller Raum« empfunden, sondern nur als Werkzeug, den lästigen Raum zwischen uns zu überwinden. Dieser Chat wurde für uns zu einem Ausweichzuhause, zu einem Ort, an dem wir auch in schlechteren Zeiten akzeptiert wurden. Einmal, ich war gerade 14, kam Steven mich besuchen. Er wohnte in Berlin und es war alles umständlich. Aber dass sich jemand so sehr für mich interessierte, dass er den weiten Weg fuhr, schmeichelte mir. Irgendwann hinterließ er mir im Quellcode des gemeinsam administrierten Forums eine Liebeserklärung inmitten von HTML-Tags. Das Internet ermöglichte so eine mehrjährige Beziehung zwischen zwei Menschen, die sich sonst nie getroffen hätten.

Ich traf mich auch mit vielen anderen aus unserer kleinen Community. Die meisten waren älter als ich, einige studierten sogar schon. Ich fand endlich eine Gelegenheit, über Philosophie zu reden und all die Bücher, die ich gern las. Ich lernte, dass es keine »falschen« Menschen gibt. Dass es einfach Menschen gibt, die nicht in ihrer richtigen Umgebung waren. Das ist der Gedanke der absoluten Gleichwertigkeit der Menschen bei vollständiger Unvergleichbarkeit. Er klingt zunächst banal. Aber man muss sich vorstellen, dass mein Weltbild bis dahin davon geprägt war, dass es angeblich bessere und schlechtere Menschen gibt und dass ich zu den letzteren gehöre. Tatsächlich ist es auch ein Bild, das in weiten Teilen unserer Gesellschaft verankert ist. Wir neigen dazu, Menschen verrückt oder dumm zu nennen, wenn sie nicht unseren Vorstellungen entsprechen. In Wirklichkeit kann es aber sein, dass wir irgendwann genau die Andersartigkeit dieser Menschen brauchen. Einer der Gründe, warum ich so sehr an Vernetzung glaube, ist eben dieser Gedanke. Erst das Netz hat es ermöglicht, dass jeder seine Nische findet und dort seine Gleichwertigkeit begreift. Vielleicht sind es auch gerade die Kontakte unter Gleichgesinnten, die neue und kreative Ideen in produktive Bahnen lenken. Wenn ein Don Quichotte gegen Windmühlen kämpft, sieht er aus wie eine traurige und lächerliche Gestalt. Wenn sich mehrere Don Quichottes zusammenschließen, können sie einen Ritterverein gründen und Showkämpfe veranstalten, und viele würden mit großem Interesse zusehen. Außerdem dienen Netze dazu, verschiedene Persönlichkeiten aus verschiedenen Bereichen wieder zu verbinden, ohne Zwang und räumliche Enge, sondern in einer funktionalen Konstellation. In meinem neuen Umfeld lernte ich nach und nach meine Unzulänglichkeiten als Fortsetzung meiner Talente zu verstehen. An der Schule machte ich eine Ausbildung zum Streitschlichter, ich spielte Theater und ich begann, zu zeichnen und Stegreifgedichte zu verfassen. Sobald ich konnte, mit achtzehn, machte ich die Schule fertig, suchte mir einen Studienplatz und zog von zuhause aus, nach Münster.

Münster, wie es der Zufall will, ist der schönste Ort der Welt. Man könnte mir jetzt widersprechen, aber das hier ist ein Buch, darum kann man mir nicht wirklich widersprechen. In Münster habe ich viele Freunde gefunden und bin schnell bei einer Theatertruppe gelandet. Da lernte ich nicht nur Herrn Rosenfeld kennen, der während der wichtigsten Zeit meines bisherigen Lebens an meiner Seite war. Die Truppe hat mich auch zu den Piraten gebracht.

Eines Tages schauten Herr Rosenfeld und ich uns online ein paar Wahlwerbespots von Kleinparteien zur Europawahl an. Ich muss an dieser Stelle ehrlich sagen, dass mich der politische Aspekt kein Stück interessierte. Politik war etwas für Deutsche. Für Leute, die hier geboren waren, die Geld und Kontakte hatten. Ich glaubte einfach daran, dass die das schon irgendwie regeln. Ich schaute mir die Spots nur aus Vergnügen an. Und tatsächlich haben wir uns über vieles totgelacht, was einige Parteien so verzapften. Je schlechter der Spot produziert war, desto besser. Wir saßen an einem schwülen Nachmittag auf dem Sofa vor dem PC und kringelten uns vor Lachen. Dann stolperte ich über eine obskure Kleinpartei, die sich »Piratenpartei« nannte. Ich glaubte zuerst, dass sie – dem Namen nach – auch nichts anderes als die APPD oder eine andere Scherzpartei sein konnte. Aber die Menschen, die in dem Videospot auftauchten, wirkten seltsam echt. Sie sagten sehr richtige Dinge. Ich befasste mich noch ein wenig mit den Ansichten dieser Partei. Mich überzeugte natürlich stark, dass sie netzaffin war. Das war damals eine ganz oberflächliche Betrachtung, »die sind mir ähnlich«. Der Gedanke, dass Bürger wissen sollten, was der Staat so tut, war mir neu und gefiel mir. Aber ich befasste mich nicht weiter damit.

Bis Sonntag, den 27. September 2009. Am Theater hatten wir gerade eine neue Produktion angefangen und trafen uns morgens schon für Proben. Der Raum war heiß und wir lachten alle mehr, als dass wir probten. Als wir kurz vor 14 Uhr alle im Kreis saßen, schwer atmend von der Anstrengung einer Übung, sagte Steffi, unsere Regisseurin: »In Ordnung, ich glaube, wir machen mal Schluss für heute. Ihr sollt ja auch alle wählen können. Vergesst nicht, wählen ist eure Pflicht.« Sie sagte das Letzte nur halb ernst, aber alle nickten so völlig überzeugt, dass es mich verblüffte. Ich hatte noch nie in meinem Leben gewählt, ja hatte es früher auch gar nicht gedurft. Meine deutsche Staatsbürgerschaft war noch gar nicht so alt und mein achtzehnter Geburtstag auch noch nicht lange her. Aber jetzt hatte ich frei und die Sonne schien und die Theaterübungen hatten mich in eine leichte, gute Stimmung versetzt. Das Wahllokal lag direkt auf dem Weg zu mir nach Hause. Es gab eigentlich wirklich wenig Entschuldigungen für mich, das nicht einmal auszuprobieren.

Wählen ist ein seltsam profaner Akt. Entgegen meinen Erwartungen hatte die Schule, in der die Wahlurne stand, keine roten Teppiche und keine Männer in Anzügen. Es war einfach eine Schule, mit jungen, fröhlichen Wahlhelfern, die große Zettel verteilten. Ich nahm einen solchen

Zettel, ging in eine Kabine und machte ein Kreuz bei der Piratenpartei. Weil sie mir sympathisch war. Besonders aber, weil sie klein und schwach war und ich es liebe, Kleinen und Schwachen eine Chance zu geben und zu schauen, was daraus wird. Nachdem ich den Stimmzettel eingeworfen hatte, schloss ich die Augen. Jetzt habe ich also die deutsche Politik beeinflusst. Niemand hat überprüft, ob ich mich mit dem Thema befasst hatte. Niemand hat nach den Motiven meiner Wahl gefragt. Man hat mich einfach ins Land gelassen und ich durfte Einfluss auf die hiesige Politik nehmen. Man vertraute mir. Das war ein phantastisches Gefühl.

Wenn man mir so sehr vertraut, dachte ich, will ich mich dieses Vertrauens als würdig erweisen. Diesen Satz habe ich mir nicht eben ausgedacht, weil er gut klingt. Es war wirklich, was ich dachte. Am selben Tag, am Sonntag, druckte ich ein Mitgliedsformular der Piratenpartei aus, füllte es aus und sandte es ab. »Ich bin jetzt in einer Partei«, sagte ich später zu meiner Mutter am Telefon. Sie schüttelte hörbar den Kopf.

Ich hatte erwartet, dass es sich anders anfühlt, »in einer Partei zu sein«. Dass jetzt irgendwas Magisches geschehen würde, das mich politisch macht. Ich würde in eine Parteizentrale kommen und dort mit gleichgesinnten Menschen … nun, irgendwas Politisches tun. In der Praxis habe ich mich aber ein halbes Jahr lang nicht einmal zu einem Stammtisch getraut. Denn die Piraten bekamen ja mein Geld, das war genug Hilfe. Außerdem war ich mir nicht sicher, ob ich an einem Stammtisch überhaupt willkommen sein würde. Immerhin war ich völlig ahnungslos, verstand weder etwas von den Inhalten noch von den Strukturen. Es hat bis zum Ende des Jahres 2009 gedauert, dass ich tatsächlich an einem offenen Stammtisch aufgeschlagen bin. Dort war es nicht so voll wie erwartet. Nur Philip Brechler und Bastian Greshake saßen in der Münsteraner Hausbesetzerkneipe »F 24« am Tisch, als ich hineinkam. Sie begrüßten mich herzlich und unterhielten sich dann über Laser. Ich brauchte eine Weile, um zu verstehen, dass es um Wahlkampfvorbereitungen ging. Die Landtagswahl Nordrhein-Westfalen 2010 stand vor der Tür und die Partei hatte weder Geld noch viele Helfer. Es mussten also kreative, möglichst günstige Ideen her. Freunde als Wahlkampfhelfer und Laser-Projektionen statt Großplakaten. Nach und nach kamen mehr Münsteraner Piraten an den Tisch. Ich wurde gar nicht von der Politik hineingezogen. Sondern von der kreativen Aufgabe, mit einfachen Mitteln großen Aufriss zu machen.

In den nächsten Monaten wurde jeder Mann und jede Frau gebraucht. Ich musste viel an Infoständen stehen und Bürgern die Politik der Piraten erklären. Dafür musste ich sie natürlich erst mal kennenlernen. Ich las also die Wahlprogramme der Bundes-, Landes- und unserer Kommunalebene. Es zu lesen genügte mir nicht. Ich verstand nicht alles, für einiges fehlten mir die Argumente. Also diskutierte ich. Das ging gut. Wenn man die Piraten in einem ruhigen Moment mit kritischen Fragen beharkte, gaben sie oft überzeugende Antworten. Nach vielen Diskussionen mit Passanten am Infostand begriff ich, dass es nicht reicht, das eigene Wahlprogramm zu verstehen. Ich musste auch die der anderen Parteien kennen und begreifen. Je mehr ich las, desto mehr bildeten sich in meinem Kopf Vorstellungen über grundlegende Unterschiede in politischen Stilen. Beispielsweise die Politik als Schutz vor Menschen im Gegensatz zur Politik zur Förderung der Menschen. Viele Gepflogenheiten des politischen Alltags verstand ich nicht. Beispielsweise war mir schleierhaft, warum überhaupt alle davon ausgehen, dass Koalitionsverhandlungen unbedingt geheim sein müssen. Ich stellte diese Fragen. Einige konnten meine Mitstreiter mir erklären, andere nicht. Was man mir nicht erklären konnte, dagegen begehrte ich natürlich auf. Der Zeitpunkt, ab dem ich wirklich innerlich politisch wurde, war der Zeitpunkt, an dem ich mich schon eine Weile mit der Materie befasst und mir oft genug an den Kopf gefasst hatte. Vielleicht ist es ähnlich, wie wenn man sein Arbeitszimmer nicht aufräumen will, bis man irgendwann versucht, wirklich darin zu arbeiten, und das Chaos es einem unmöglich macht.

Im Wahlkampf NRW lernte ich auch die ersten Berliner kennen, die gekommen waren, um uns zu unterstützen. Sie brachten uns bei, wie man »wandernde« Infostände macht, wenn man keine Standgenehmigung hat. Wir bewarfen Metallwände mit orangen LEDs an winzigen Magneten. Es war ein großer Spaß und ich begriff damals, wofür ich es tat, und ich tat es gerne. Doch persönlich strebte ich nach nichts.

Als ein Vorstandsposten beim Kreisverband Münster wegfiel, bat Philip mich, als Beisitzerin zu kandidieren. Wir waren sonst einfach nicht genug Leute, um alle Posten zu besetzen. Da ich ohnehin viel im Kreisverband aktiv war, tat ich das einfach. Es sollte nicht viel ändern, solche Formalitäten werden nun mal gebraucht. Und doch hatte ich jetzt eine Verpflichtung, der ich mich nicht mehr so einfach entziehen konnte.

Ich würde jetzt gern eine stringente Geschichte erzählen, wo Ursache und Wirkung hübsch ineinandergreifen und an deren Ende ich im Bundesvorstand einer Partei bin, in die ich gerade mal anderthalb Jahre zuvor eingetreten war. Aber solche Geschichten sind im echten Leben selten. In Wirklichkeit waren wir sehr lange einfach nur der Vorstand eines kleinen Kreisverbandes einer unbedeutenden Partei. Wir trafen uns in Hinterzimmern von Cafés, rauchten und tranken, während auf dem Tisch immer ein Mikrofon stand, das unsere Vorstandssitzungen aufzeichnete und ins Internet übertrug. Es ging um die Planung von Infoständen, unserer Beteiligung an Demos und die Verwaltung von ungefähr 33 Euro Kreisverbandskasse. An dieser Stelle hatte ich immer noch nicht die geringste Vorstellung davon, wie Politik funktionierte. Für mich war es etwas zwischen Plakatekleben, Lesen, Diskutieren und für die richtigen Sachen auf die Straße zu gehen. Und ganz nebenbei lernte ich, was eine Geschäftsordnung ist, was eine Satzung ist, wie man eine Versammlung abhält, wie man ein Protokoll schreibt und wie eine Petition funktioniert. Es gibt keine Ausbildung zum Politiker. Aber wenn Sie das wollen, was dem am nächsten kommt, dann versuchen Sie es mit einem Piratenkreisverband.

Im Mai 2011 fuhren wir Münsteraner zusammen zum Bundesparteitag in Heidenheim. Es war mein erster Bundesparteitag. Ich freute mich schon sehr, all jene Piraten zu treffen, die ich nur über Twitter kannte. Ich war mir nicht sicher, wie viel ich zu den Vorstandswahlen beitragen konnte, denn ich kannte viele der Kandidaten nicht gut genug. Mir ging es aber um den Austausch. Zwischen einer Piratin und mir entstand einige Tage zuvor die Idee eines Abendgarderobe-Flashmobs, einfach nur aus Spaß an der Freude, und wir luden alle ein, in pompöser Pracht zum ersten Tag des Parteitags zu erscheinen. Ein Austausch von Abendkleidern, Krawatten und Schuhen entstand. Am Samstag war die Stimmung in Heidenheim entsprechend gut, denn wenig ist so schön wie eine Kongresshalle voller Menschen, die sich selbst nicht ganz ernst nehmen. Dabei hat der Auftritt in Abendmode unser Verhalten untereinander so zum Positiven verändert, dass die eigentliche Arbeit – also die Vorstandswahlen – ziemlich diszipliniert ablaufen konnte.

Der Samstag verging mit den Kandidaturreden, mit Kennenlernen, Sonnen, Rumscherzen. Am Ende stand Sebastian Nerz als Bundesvorsitzender der Piratenpartei fest. Ich kannte ihn nicht und ging nicht davon aus, dass ich ihn näher kennenlernen würde. Als ich ihm gratulierte, sagte ich: »Ich schüttele dir auch mal die Hand. Davon wirst du ja noch ganz viel haben.« Ich hatte Mitgefühl mit dem etwas gequälten Lächeln, das er mir entgegenwarf.

Der Abend verlief, wie solche Abende verlaufen. In Abendkleidern Bier und Spirituosen einkaufen, verpeilt durch die Stadt fahren, viel zu viele Menschen in ein Hotelzimmer stopfen und singend, rauchend und lachend feiern. Es war das, was man seitdem als »die epischste aller

Partys« bezeichnet, und als ich in den frühen Morgenstunden ins Bett kippte, dachte ich noch daran, dass ich den morgigen Tag eigentlich nur noch absitzen muss.

Der Sonntag allerdings war problematisch. Als die Wahl des politischen Geschäftsführers auf der Tagesordnung stand, gab es nur zwei Kandidaten. Keiner der beiden wurde ernst genommen, mindestens eine dieser Kandidaturen war eher als Scherz zu verstehen. Das führte dazu, dass etliche Leute spontan kandidierten, um eine größere Katastrophe zu verhindern. Die Kandidatenliste wuchs und wuchs. Ich stand mit Berlinern in einer Ecke, die den Prozess skeptisch beobachteten und abwechselnd Scherze darüber machten, wer alles noch kandidieren könnte.

»Kandidier du doch, Simon«, scherzte einer zum späteren Berliner Abgeordneten Simon Weiß. Der lachte leicht auf und schüttelte den Kopf. Irgendwann sagte er: »Warum eigentlich nicht Marina?« Ein paar Köpfe drehten sich zu mir. »Ja, warum eigentlich nicht Marina?« Auch ich lachte, weil ich das für einen Scherz hielt. Da straffte Oliver Höfinghoff (später auch im Berliner Abgeordnetenhaus) den Rücken und sagte: »Ich schlage dich jetzt vor.«

»Ich bringe dich um«, erwiderte ich.

Er grinste mich gewinnend an und ging zum Mikrophon.

»Ich schlage Marina Weisband vor.«

Der Versammlungsleiter schaute sich nach mir um: »Marina, bist du einverstanden?«

Okay. Moment mal. Was passierte hier gerade? Das war eine Kandidatur auf einen Bundesvorstandsposten. Aber da standen acht Kandidaten auf der Bühne. Acht. Kaum einer kannte mich. Warum eigentlich nicht die Chance nutzen, zwei Minuten auf der Bühne zu sprechen und zu sagen, was ich für wichtig hielt im Bezug auf die Partei? Acht Kandidaten. Darunter richtig gute. Was kann passieren? Ich trat ans Mikrofon und antwortete: »Ja.« (Ich war eben naiv.)

Ehe ich auf die Bühne ging, musste ich nachschlagen, was eigentlich ein politischer Geschäftsführer genau ist. Dieser Posten war in der Partei neu angelegt worden und ich hatte nicht wirklich eine Vorstellung. Was mir sehr peinlich war. Das Wiki der Piratenpartei gab zu dem Thema die freundliche Auskunft: »Gibt Impulse in die Partei bzgl. Programmarbeit und politischer Ausrichtung.« Aha.

Ich hielt vor dem Saal eine etwa zweiminütige Rede, die ich spontan improvisierte und die sich mit der relativ realistischen Einschätzung dessen befasste, was ich leisten könne und was nicht. Zum Beispiel gab ich an, wegen meines Diploms nicht mehr als 20 bis 30 Wochenstunden in Parteiarbeit investieren zu können. Wie gesagt, ich war naiv. Anschließend wurden mir Fragen gestellt, die sich auch mit meinen inhaltlichen Ansichten befassten, zum Beispiel zur strukturellen Organisation der Partei oder zu meiner Einstellung zum bedingungslosen Grundeinkommen. In meinem Gedächtnis ist diese Kandidatur kaum noch präsent, ich habe sie mir erst später auf YouTube angesehen. Als ich die Bühne verließ, flüsterte der Versammlungsleiter mir zu: »Hast du die Reaktionen gesehen? Dir ist schon klar, dass du jetzt gewählt wirst?«

Es war mir nicht klar. Es war mir plötzlich furchtbar peinlich, dass ich mich nicht näher mit den Kandidaten für die anderen Ämter befasst hatte. Dass ich so wenig von den Parteistrukturen wusste. Dass ich das Bundesprogramm nur einmal überflogen hatte, aber nicht genauer recherchiert, verglichen hatte. Ich hatte auf einmal das Gefühl, einen riesigen Fehler gemacht zu haben. Als meine Wahl verkündet wurde, konnte ich mich deshalb auch nicht freuen. Ich hatte aber auch keine Zeit dazu. Plötzlich schlugen die Wellen des Amtes über mir zusammen und rissen mich mit. Der Leiter der Bundesgeschäftsstelle hielt mir eine Datenschutzerklärung unter die Nase, die ich als Amtsträger unterschreiben musste. Jemand vom ZDF war am Telefon und wollte mit mir reden. Piraten und vereinzelt Journalisten strömten auf mich ein und drückten mir Visitenkarten in die Hand. Das Presseteam fragte, ob meine Biographie für die Presseerklärung so stimmte. Der Parteifotograf sagte, ich solle mir schnell das Gesicht waschen gehen, damit ich auf dem Foto keine Tränen aus verlaufenem Mascara im Gesicht habe.

In diesem Trubel traf ich eine kleine, aber folgenschwere Entscheidung, die für ein ganzes Kapitel in diesem Buch verantwortlich sein würde. Das Presseteam fragte mich: »Sollen wir dir einen Politiker-Twitter-Account anlegen?« Ich erwiderte: »Nein, ich bleibe bei meinem.« Immerhin waren die Piraten damals wirklich unbedeutend. Es gab nur eine Handvoll Zeitungsartikel zu diesem Parteitag. Niemand konnte mit dem Interesse rechnen, das sich später entwickeln sollte. Darum hielt ich es nicht für notwendig, einen politischen Account anzulegen, dem eh keiner folgen würde. Es war aber der Moment, in dem ich mich eigentlich entschieden hatte, meine politische Person nicht von meiner … nun … Person zu trennen. Ich wählte den Weg, als Mensch in die Politik zu gehen und keine gesonderte Rolle dafür aufzubauen. Dieser Ansatz machte mir später Probleme, erleichterte mir meine Arbeit aber auch in noch größerem Maße. Doch an diesem Tag erschien mir die Entscheidung nebensächlich. Wichtig war nur, dass ich einen Fehler gemacht hatte. Dass ich mehr abgebissen hatte, als ich schlucken konnte. Die nächsten Stunden und Tage war ich in einem körperlichen Ausnahmezustand, zitterte und weinte. Noch wochenlang überlegte ich mir, ob Zurücktreten eine Option sei. Dann holte die Arbeit mich ein und ich bewältigte langsam ein Problem nach dem anderen. Es gab so viele Schwierigkeiten und Baustellen im Alltag der Partei, dass ich keine Zeit hatte, über die ferne Zukunft nachzudenken. Wenn es Schwierigkeiten beim LiquidFeedback gab, für das ich verantwortlich war, telefonierte ich mit den Administratoren und lernte sie näher kennen. Ich lernte, wer was machte, in dem Maße, in dem ich es gerade brauchte. Und es war beruhigend zu wissen, dass keiner der Bundesvorstände, die natürlich besser vorbereitet waren als ich, eine Ausbildung in »Bundesvorstand« gemacht hatte. Ich arbeitete mich ein und als ich bei unserem Treffen im September neue Vorschläge zum transparenten Arbeiten machte, fühlte ich mich sogar wertvoll.

»Weißt du, Marina, egal was das jetzt wird im nächsten Jahr«, sagte damals unser Praktikant zu mir: »Es wird auf jeden Fall eines der aufregendsten Jahre deines Lebens.«

Es gibt keine andere Politikerschule als die Politik selbst. Das Einarbeiten gelang mir ganz gut. Während Sebastian Nerz den Druck der Öffentlichkeit abfing, konnte ich mir in Ruhe Debattenkonzepte für die Partei überlegen. Im September dachte ich, dass ich doch ein ruhiges Jahr vor mir haben könnte, jetzt, da ich meiner Aufgabe gewachsen war. Wie schon erwähnt: naiv.

Ende September zog die Piratenpartei Berlin mit 15 Abgeordneten ins Abgeordnetenhaus ein. Plötzlich sahen uns alle an und fragten sich: »Wer sind diese Leute und was wollen sie eigentlich?« Es wurde nach Menschen gesucht, die antworten konnten. Ich wurde von unserem Presseteam eingeladen, Anfang Oktober mit Sebastian Nerz und Andreas Baum von den Berliner Abgeordneten zusammen vor der Bundespressekonferenz zu sprechen. An diesem Tag hatte ich das erste Mal intensiv mit Medien zu tun – und dann gleich im ganz großen Stil. Nachdem ich meinen Kopf in einer Phase der allgemeinen Orientierungslosigkeit aus der Erde gesteckt hatte, begann die Presse, neben Sebastian auch mich verstärkt zum Phänomen der Piratenpartei zu befragen.

Und der Rest ist Geschichte. Ich wurde von einer Welle komplett unvorbereitet auf eine Ebene der Politik gespült, die ich weder verstand noch überhaupt gekannt hatte. Ich musste mich argumentativ mit Menschen messen, die Politik seit dreißig, vierzig Jahren machten. Dabei zog ich natürlich oft den Kürzeren, konnte aber auch häufig die Positionen der Partei deutlich machen. Ich war meine eigene Sekretärin, koordinierte Termine und Telefonate, reiste viel herum. Manchmal wusste ich nicht, in welcher Stadt ich gerade war und wozu. Ich fuhr einfach zu Adressen und beantwortete dort die Fragen, die man mir stellte. Ich wurde zu Konferenzen in teuren Hotels eingeladen und kam dort bepackt mit Koffern, in einem Mantel voller Katzenhaare und mit abgelaufenen Schuhen an. Manchmal schlief ich in diesen Hotels, manchmal auf Sofas oder Isomatten bei örtlichen Piraten. Ich arbeitete sechzig bis siebzig Wochenstunden ehrenamtlich, ich war immer knapp bei Kasse, aber ich konnte mich immer und überall auf die Hilfe und die Unterstützung meiner Partei verlassen. Es ging fast allen aktiven Piraten in dieser Zeit so wie mir. Die Ansprüche an uns waren extrem hoch. Aber irgendwie haben wir es durch Sturheit und etwas Magie bewältigt. Trotzdem konnte ich es mir irgendwann weder finanziell noch gesundheitlich leisten, diesen Dauerbetrieb aufrechtzuerhalten. Darum kandidierte ich nicht mehr für eine zweite Amtszeit.

Während in meinem Leben das alles passierte, geschah in Deutschland etwas anderes. Eine junge Idee knospte so langsam in den Synapsen in der hinteren Ecke des kollektiven Bewusstseins auf. Sie sorgte zuerst für Verwirrung, dann für Diskurs. Am Anfang wusste niemand, was die Piratenpartei eigentlich genau will – auch nicht die Piratenpartei. Was anfangs einzelne Forderungen zu sein schienen, entwickelte sich erst später – jedenfalls für mich – zu einer konsequenten Fortsetzung einer Idee, die irgendwie beinhaltet, dass alle Menschen gleichwertig, aber individuell sind; dass sie frei sein sollten, dass wir ihnen aber auch die Mittel dazu geben müssen; dass Menschen konstruktiv sind, wenn sie nur die Möglichkeiten und das Vertrauen haben. Diese ideologische Grundbasis einer neuen Partei warf in der gesamten Gesellschaft die Frage nach dem politischen System auf. Kann es so bleiben, wie es ist? Gibt es Reformbedarf?

Und an dieser Stelle geht es mir nicht mehr um die Piratenpartei. Ich finde die gesellschaftliche Frage an sich gut. Diese Frage bleibt, auch wenn die Partei untergeht. Die Frage ist eine gute Frage. Ich möchte mich ihr in diesem Buch widmen.

Politische Systeme

Es ist mitten im Wahlkampf zu den Landtagswahlen NRW im Frühjahr 2012. Um genau zu sein, Samstagmorgen. Im Münsteraner Stadtteil Wolbeck ist Markt. Das heißt, dass auf dem kleinen Platz zwischen der Eisdiele und der Sparkasse ein paar Wagen stehen, in denen es Gemüse, Käse und Wurst gibt. Dazwischen kommen ein paar Piraten mit einem orange gestrichenen Bollerwagen an, stellen sich auf den Platz und legen Wahlprogramme auf einem mitgebrachten Tischchen aus. Es regnet und es ist windig. Die vier ersten Besucher des Marktes beobachten uns misstrauisch.

Ich bin mir nicht sicher, ob sich das hier wirklich lohnt, aber Sebastian, unser Kreisvorsitzender, besteht darauf. Es ist wichtig, zu den Menschen zu gehen. Kein Problem, das haben wir getan. Jetzt warten wir darauf, dass auch ein paar Menschen zu uns kommen.

Wir vertreiben uns mit Gesprächen und Scherzen die Zeit, dann werde ich ungeduldig.

»Wahlprogramme, frische Wahlprogramme! Sprechen Sie mit uns über Politik, solange wir noch unverdorben sind!«, rufe ich über den Markt und schwenke dabei ein paar Ausdrucke in der Hand. Sebastian schämt sich etwas für mich. Ich gebe nicht auf und rufe laut: »Der Münsteraner Rat hat den Bürgerhaushalt beschlossen! Bestimmen Sie mit, wofür die kommunalen Gelder eingesetzt werden!« Das Interesse ist eher mau. Ich wende mich freundlich an einen Herrn, der an uns vorbeigeht: »Möchten Sie gern mitentscheiden, wofür die Stadt Geld ausgibt?« »Nä«, sagt er knapp. Und geht weiter. Ein anderer erwidert nur mürrisch: »Die machen doch eh, was sie wollen.«

Ich kehre zu Sebastian zurück: »Die erste Hälfte der Arbeit ist getan. Wir haben die Stadt dazu gebracht, dass sie Bürger mitbestimmen lässt. Jetzt müssen wir noch die zweite Hälfte machen: die Bürger dazu bringen, dass sie mitbestimmen.«

Zwei Stunden später. Es regnet immer noch. Inzwischen haben wir mit ein paar Leuten gesprochen und die Grünen haben ihren Stand gegenüber aufgebaut. Wir plauschen miteinander. Im Straßenwahlkampf sind alle Leidensgenossen. Die SPD hat uns einen Bratenwender geschenkt. »SPD – Damit nichts schwarz wird«, steht drauf. Während ich mich noch über den Bratenwender amüsiere, nähert sich uns ein älteres Ehepaar.

»Ah, Piraten…!«, sagt der Mann so langsam, als würde er Buchstabe für Buchstabe lesen.

»Ja«, stimmen wir zu: »Möchten Sie sich vielleicht unser Wahlprogramm angucken? Oder lieber Infos zum Bürgerhaushalt? Da kann man jetzt gerade Vorschläge einreichen.«

»Ich hab ja schon von euch gehört«, sagt er, ohne unsere schönen Druckerzeugnisse zu beachten. »Ich find das gut, dass es mal frischen Wind gibt in der Politik.«

»Ja, wir bemühen uns.«

»Find ich gut! Die da oben verpfuschen das gewaltig. Alle total korrupt und geldgeil.«

»Naja …«

»Sitzen auf ihren hohen Diäten und kriegen den Arsch nicht hoch. Statt sich mal um echte Probleme zu kümmern.«

»Also eigentlich ist das Problem eher …«

»… also mal die Straßen sauber machen. Ne? Wir bräuchten echt mal mehr ehrliche Politiker, die was tun. Also mit dem, was der Sarrazin geschrieben hat, ne? Der hat ja auch recht …«

»Oh Gott.«

Das mit der Politik hatte ich mir anders vorgestellt.

Über Macht

Ich bin einmal auf Twitter gebeten worden, Politik in 140 Zeichen zu erklären. Ich schrieb: »Wir haben einen Kuchen. Wie verteilen wir ihn?« Natürlich ist das stark vereinfacht. Wir müssen ja auch sehen, woraus wir den Kuchen backen und welche Backzeit die richtige ist und wonach der Kuchen schmecken soll und wie viel wir unseren Nachbarn abgeben. Außerdem unter welchen Bedingungen wir den Kuchen essen können und ob es Kaffee für jeden dazu gibt. Aber sogar diese komplexere Metapher ist ein klein wenig naiv. Denn Politik hat einen Aspekt, dessen Bedeutung zu akzeptieren ich mich lange geweigert habe. Macht.

Lange Zeit hielt ich die Gleichsetzung von Politik und Macht und die gleichzeitige Abscheu vor beidem für eine übertriebene Neidreaktion. Besonders in der Zeit, in der ich selbst politisch aktiv wurde und die Herausforderungen sah, vor denen man steht. In einem längeren Lernprozess musste ich allerdings feststellen, dass persönliche Macht tatsächlich ein wichtiger Faktor im gesamten politischen Betrieb ist. »Ach«, wird sich der geneigte Leser denken, »wirklich?« Dabei ist das keineswegs selbstverständlich. Natürlich kann man Macht auch als den Handlungsspielraum definieren, der einem zur Verfügung steht, um Dinge zu verändern. Dagegen ist nichts einzuwenden und darum geht es mir auch hier nicht. Vielmehr geht es um die persönliche Macht, deren Vergrößerung nach und nach zum eigentlichen Ziel politischen Agierens werden kann. Und nach meinem Empfinden geht es den meisten Politikern zum Beginn ihrer Karriere eben nicht um persönliche Macht. Denn normalerweise geht ja niemand in die Politik, gründet niemand eine Organisation oder Partei und sagt: »Jetzt werde ich reich und mächtig!« Parteien und Organisationen beginnen meist klein und mit harter Arbeit. Zumeist braucht es ein gewisses Maß an Überzeugung und Glauben an die Sache, um diese Anfangsphase zu überstehen. Es gehen also vermutlich viele Menschen in die Politik, die wirklich etwas verändern wollen.

Interessant ist aber, dass sich das irgendwann ändert. Nicht, weil man als Politiker augenblicklich böse wird, plötzlich die Finger zur Raute des diabolischen Nachsinnens faltet und laut lacht. Es ist vielmehr eine langsame Veränderung in den Gedankenstrukturen. Nehmen wir folgendes Beispiel.

Ein Dorf mit mehreren hundert Einwohnern lebt so eigenständig, dass die Bewohner überhaupt nicht wissen, zu welchem Land sie gehören. Zwischen dem Dorf und einigen Feldern fließt ein Fluss, über den man mit einer Fähre übersetzen muss. Eines Tages beschließt ein Bauer, Otto, dass das kein haltbarer Zustand ist. Eine Brücke über den Fluss muss her. Er selbst kann so eine Brücke natürlich nicht bauen, er bittet also die Männer, ihm Material und Arbeitskraft zur Verfügung zu stellen. Er selbst beaufsichtigt den Bau. Nicht, um sich wichtig zu fühlen. Einfach, weil es jemand tun muss. Die Männer haben auch kein Problem damit. Nur eines Tages kommt der Sohn seines Nachbarn und sagt, dass die Brücke doch gar nicht so breit sein muss. Es würde Arbeit sparen, wenn man sie schmaler macht. Otto hingegen ist überzeugt, dass sie genau so breit sein muss. Er hat doch immerhin die ganzen Pläne gezeichnet und schon so viel Arbeit investiert. Außerdem war das Ganze seine Idee. Er hat ein Anrecht darauf, zu bestimmen, wie die Brücke aussehen soll. Das ist nur gerecht. »Halt dich aus der Planung der Brücke raus! Du weißt gar nichts! Wenn du dich nicht raushältst, erzähle ich deinem Vater, dass du dich nachts heimlich mit der Inge triffst«, sagt Otto also zum Störenfried.

Schon besteht er auf seiner Macht, schon mündet sein Machtkampf sogar in etwas, das man als Intrige bezeichnen könnte. Nicht, weil Otto größenwahnsinnig oder böse wäre. Sondern, weil er Arbeit und viele Gedanken in etwas investiert hat und überzeugt davon ist, dass gerade sein Weg der richtige ist. Die Pest der Politik ist die Überzeugung, dass nur man selbst etwas richtig machen kann. Dass ohne einen selbst alles vor die Hunde geht.

Dieses Beispiel ist viel zu einfach, weil es nur einen einzigen Aspekt herausgreift, wie Machteliten entstehen. In Wirklichkeit ist der Prozess natürlich viel komplizierter.

Je länger jemand wie Otto die Rolle eines Entscheidungsträgers hat, desto besser kennt er die anderen Leute im

Dorf, die man für den Bau einer Brücke braucht. Die Handwerker und Händler trifft er abends in der Dorfkneipe, handelt mit ihnen Sonderpreise aus. Wenn das Dorf sich entschließt nach der Brücke eine größere Versammlungshalle zu bauen, gibt es für alle Beteiligten einen guten Kandidaten für diese Aufgabe. Er leitet das nächste Projekt für die Stadt. Weil er seine bisherigen Geschäftspartner für fähig hält, gibt er ihnen die wichtigen Aufträge für das Gebäude. Nicht weil er jemanden bevorzugen will, sondern aus Überzeugung, das Richtige zu tun. Und vielleicht beschäftigt er einige seiner Verwandten, die gerade einen Job brauchen. Immerhin ist es sein Projekt, warum sollte er das nicht entscheiden dürfen? Unter den Dorfbewohnern, die nicht zu seinen Freunden gehören, wird sich jetzt vielleicht Unmut regen, sie fühlen sich ungerecht behandelt und verstehen nicht, warum dieser in ihren Augen selbstgerechte und korrupte Bauer ein Bauvorhaben für das Dorf leiten darf. Vielleicht gelingt es ihnen, beim nächsten Mal jemand anderen zu finden, der aus ihrer Sicht besser geeignet ist, ehrlicher, fairer, mit frischen Ideen.

Unsere tapferen Dorfbewohner werden alle paar Jahre feststellen, dass sie wieder Pech hatten und immer nur falsche Personen auswählen, um ihr Vorhaben zu planen und zu verwalten, solange sie daran glauben, dass es Menschen gibt, die für solche öffentlichen Ämter aufgrund ihrer Persönlichkeit ganz besonders geeignet sind. Und irgendwann werden sie frustriert sein und der festen Überzeugung, bei jedem dieser »Politiker« handle es sich um ein opportunistisches Schlitzohr. Ich glaube, dass Politiker weder bessere noch schlechtere Menschen sind. Wir übertragen ihnen, wenn wir sie wählen, Verantwortung, und deshalb können wir von ihnen erwarten, dass sie zu uns ehrlich sind. Aber wir können nicht von ihnen erwarten, dass sie aufhören, Menschen zu sein. Der Bauer aus unserem Beispieldorf hat gute Absichten, er setzt sich für eine gemeinsame Sache ein. Aber er hat auch persönliche Bindungen, Bedürfnisse und Schwächen. Wie bei richtigen Amts- und Mandatsträgern verschwinden diese nicht auf magische Weise nach der Annahme einer Wahl. Auch seine Fähigkeiten werden nicht plötzlich gesteigert.

Jetzt stellen wir aber fest, dass offensichtlich irgendetwas schiefläuft. Diese ganz normalen Menschen bekommen Verantwortung und Macht von uns übertragen. Sie gewöhnen sich daran, wichtige Entscheidungen zu treffen und ihre Spielräume auch für ihre eigenen Zwecke zu nutzen. Wie die meisten Menschen das eben tun würden.

Wenn ich glaube, dass Politiker nicht schlechter oder besser sind als der Rest der Bevölkerung, dann soll das nicht heißen, dass wir uns mit dem, was sie tun, zufriedengeben müssen. Aber um etwas zu verbessern, reicht es nicht, nach besseren Politikern zu suchen. Stattdessen haben wir Menschen immer nach Wegen gesucht, bessere Politik zu machen. Eine bessere Politik bedeutet ein System, dessen Struktur möglichst effiziente, kontrollierbare und ehrliche Arbeit zulässt. Für mich umfasst so ein System drei Ebenen.

1. Feste Regeln
Das System fußt auf einer festen Grundlage, die von keinem Politiker gebrochen werden darf. Dazu gehören die Regeln der Demokratie an sich, die Menschenrechte, die Verfassung und alles andere, das unserer Gesellschaft einen Rahmen gibt und die Möglichkeit, sich zu schützen.

2. Dynamische Prozesse
Um die Verkrustung von Hierarchien und die Herausbildung von Machteliten zu begrenzen, braucht es dynamische Wechsel in Positionen. Ebenso braucht es dynamische Prozesse der öffentlichen Willensbildung, um Regierungsarbeit kontrollierbar zu halten. Die Dynamik von politischen Prozessen wird durch Punkt 1 – die stabilen Regeln – ermöglicht.

3. Transparenz
Mit diesem Schlagwort ist die Nachvollziehbarkeit des politischen Handelns gemeint, die erst die Kontrollierbarkeit und die Einhaltung der Regeln möglich macht.

Ich führe alle drei Punkte getrennt aus, obwohl sie fest zusammengehören und ineinandergreifen.

Feste Regeln

Feste Regeln sorgen dafür, dass wir wissen, worauf wir uns im gesellschaftlichen Zusammenleben verlassen können. Sie bilden den Rahmen, in dem die gesamte Politik funktionieren kann. Verschiedene Regierungsformen kann man auch als unterschiedliche Sets von Regeln bezeichnen. Aber auch feste Regeln müssen an technische und gesellschaftliche Gegebenheiten angepasst werden. »Fest« nenne ich sie trotzdem, um den Unterschied zu tagtäglicher Entscheidungsfindung im politischen Betrieb zu betonen. Für diese tägliche Entscheidungsfindung können wir in unserer vernetzten Welt flüssigere, schnellere und breitere politische Teilhabe erlauben. Wie genau die aussehen könnte, darauf gehe ich später ein. Zunächst müssen wir uns aber ansehen, welche Rahmenbedingungen wir haben müssen, um solche dynamischen Systeme zu benutzen. Wenn wir uns frei bewegen wollen, brauchen wir einen Raum. Einen Raum bauen wir, indem wir zunächst Wände einziehen. Durch Regeln erzeugen wir einen politischen Raum. Das ist nur oberflächlich ein Widerspruch zu dem Prinzip der Freiheit. Freiheit bedeutet für mich, sich nicht auf Schritt und Tritt kontrollieren zu müssen und Bürger zu gängeln, weil sie irgendwann etwas Dummes entscheiden könnten. Es geht darum, von Anfang an für alle klare und nachvollziehbare Rahmen zu ziehen, innerhalb derer man keine Kontrolle braucht und kein Misstrauen herrscht. Wenn ich zum Beispiel Eislauf auf einem See erlaube und eine Abgrenzung da mache, wo das Eis zu dünn wird, ist das Eislaufen viel entspannter und freier. Obwohl der Platz, wo man fährt, kleiner ist.

Welche Eigenschaften soll also politischer Raum haben, in dem sich möglichst alle möglichst frei entfalten können?

Zunächst sollte man vermeiden, dass irgendjemand zu viel Macht ansammelt. Macht entsteht immer dann, wenn Menschen von anderen Menschen abhängig sind. Weil das in einer Gesellschaft praktisch immer der Fall ist, kann man Macht nicht einfach »abschaffen«. Unser Ziel ist es, Macht möglichst gut zu reglementieren, zu verteilen und nachvollziehbar zu machen. Dafür sind in unserem heutigen System schon ganz gute Mechanismen vorgesehen.

Zum Beispiel haben wir die Gewaltenteilung. Das Prinzip wurde schon im 17. Jahrhundert entwickelt, als man sich Gedanken darüber machte, wie man Machtmissbrauch möglichst verhindern könnte. Durch die Trennung von Gesetzgebung, Rechtsprechung und ausübender Gewalt kann niemand allein beschließen, die Wohnung seiner Exfreundin durchsuchen zu lassen. Entweder man ist bei der Polizei – dann bräuchte man dafür als Exekutive den Beschluss eines Richters, also der Judikative. Oder man ist selbst Richter – doch dann muss die Durchsuchung von

Ermittlern beantragt werden und man darf nicht selbst in die Wohnung. Die Gesetzgebung formuliert abstrakt die Regeln die gelten sollen (zum Beispiel für Wohnungsdurchsuchungen). Diese Regeln, setzt die Exekutive durch, die Judikative urteilt auf ihrer Basis, aber zugleich sind beide auch selbst an die Regeln gebunden. Die Idee ist, dass die drei Kräfte sich gegenseitig kontrollieren.

Ein kleines Problem ergibt sich dabei. Die stärkste Kraft im Parlament, einem legislativen Organ, bildet zumeist auch die Regierungsfraktion, also die Leitung der Exekutive. Darum ist es häufig so, dass Exekutive und Legislative Hand in Hand arbeiten. Wir möchten die Macht also nicht nur in ihrer Reichweite beschränken, sondern auch in der Zeitspanne, um so Machtmissbrauch zumindest zeitlich einzudämmen.

Macht auf Zeit ist eines der wichtigsten Prinzipien einer Demokratie. Zur regelmäßigen Legitimation von Repräsentanten haben wir Wahlen. Sie erlauben uns, nach klaren Regeln zu bestimmen, wer gewisse Aufgaben erfüllen soll. Das gibt uns nicht nur im Vorhinein eine Auswahl an Kandidaten, sondern auch einen Weg, Amtsträger, die zu viele Leute verärgern, wieder abzusetzen. Damit sichern wir uns ab und schaffen für die Amtsinhaber eine Motivation, gute Arbeit zu leisten. Wenn sie sich gegenüber den Bewohnern rechtfertigen und sich regelmäßig zur Wahl stellen müssen, werden die Interessen der Bevölkerung, oder zumindest einer Mehrheit, zu ihren eigenen, wenn sie wiedergewählt werden wollen. Das ist zumindest die Idee. Umgesetzt wird sie auf verschiedene Weisen. In Deutschland wählen mittlerweile in einigen Bundesländern die Wahlberechtigten ihre Bürgermeister direkt, in anderen tut dies noch der Stadt- oder Gemeinderat. Mit der Fortentwicklung der Gesellschaft entwickeln wir auch unsere Staatsformen und unsere Demokratie weiter. Wir experimentieren mit neuen Regeln und finden so bessere Lösungen.

Wir führen heute wieder Debatten darum, wer wählen darf und wie. EU-Bürger dürfen auch in Ländern, in denen sie nicht die Staatsbürgerschaft haben, an Kommunalwahlen teilnehmen. Das Wahlalter wurde für Kommunalwahlen gesenkt, und für die Landtagswahlen gibt es dazu mittlerweile Pläne und Anträge in einigen Parlamenten. Der Kreis der Wahlbeteiligten wird immer mehr ausgeweitet. Oder andersherum, immer weniger Menschen werden davon ausgeschlossen, bei den Entscheidungen, die sie betreffen, mitzuwirken.

Nicht nur die Frage, wer wählen darf, wird von verschiedenen Gesellschaften anders gesehen und verändert sich mit der Zeit, sondern auch wie gewählt wird. Das momentane deutsche Wahlsystem ist eine Weiterentwicklung der Verhältniswahl, wie es die Weimarer Republik kannte. Aber anstatt ausschließlich Parteilisten zur Wahl zu stellen, werden circa die Hälfte der Bundestagsmandate über Direktkandidaten in den Wahlkreisen vergeben. Es ist der Versuch, zwei wichtige Elemente miteinander zu verbinden. Eine Verhältniswahl soll dafür sorgen, dass die Meinungen im Parlament ungefähr so stark vertreten sind, wie die Meinungen in der Bevölkerung. Wenn also die Hälfte der Menschen eine konservative Partei wählt, sollte sie auch ungefähr die Hälfte der Sitze im Parlament bekommen. Leider funktioniert diese Art von Repräsentation nur für große Gruppen. Man benötigt Zusammenschlüsse von Kandidaten, die sich gemeinsam organisieren und für die abgestimmt wird. Mit diesem Wahlmodus fördert man also Parteistrukturen, und damit oft eher undurchsichtige Machtverhältnisse, und schwächt die Kontrolle der Wähler über einzelne Kandidaten. Denn Wähler können nun nicht mehr über Einzelpersonen abstimmen. Deshalb hat unser momentanes Wahlrecht zusätzlich noch die Direktkandidaten. Sie werden im Wahlkreis gewählt, und der Sieger zieht ins Parlament ein. Er ist direkt den Einwohnern seines Wahlkreises verpflichtet.

Es gibt Untersuchungen[1], die zeigen, dass es einen deutlichen Unterschied für die Arbeit von Mandatsträgern macht, ob sie durch ihren Wahlkreis oder ihre Parteiliste in ein Parlament gekommen sind. Das heißt nicht, dass die einen schlechtere Arbeit leisten als die anderen. Aber es zeigt, wie viel Einfluss wir auf Politik nehmen können, allein dadurch, dass wir die Spielregeln weiterentwickeln und an unsere Bedürfnisse anpassen.

Wir entwerfen also durch Spielregeln Räume – und zwar solche, die möglichst breite Partizipation erlauben. Ein Argument, das ich sehr oft gegen Mitbestimmung höre, ist,

1 Im Gegensatz zu meiner Diplomarbeit muss ich in diesem Buch nicht alles mit einer Fußnote bestücken. Aber die Studien sind ganz interessant. Konsultieren Sie hier zum Beispiel Stratmann und Baur: »Plurality Rule, Proportional Representation, and the German Bundestag: How Incentives to Pork-Barrel Differ across Electoral Systems« im American Journal of Political Science, Vol. 46, No. 3 (Juli 2002), Seite 506–514.

dass die Mehrheit des Volkes sehr schnell die Todesstrafe für Sexualstraftäter einführen würde oder die Rechte von Minderheiten einschränken würde.

Denn wo die Mehrheit über das Recht entscheidet, besteht immer die Gefahr, dass sie zu ihrem Vorteil eine Minderheit unterdrückt und ausbeutet. Um eine solche »Diktatur der Mehrheit« zu verhindern, haben wir uns auf einen Katalog von Rechten geeinigt, die jedem Menschen zustehen. Dies sind unsere Grund- und Menschenrechte, derer uns auch die größte demokratische Mehrheit nicht ohne weiteres berauben kann.[2]

Wir haben uns diese Grenze selbst auferlegt, nachdem wir mehrfach schmerzhaft erleben mussten, dass wir kollektiv vergessen, wofür wir uns als Gesellschaft einsetzen wollten: für die Freiheit der Menschen, auch wenn uns nicht alles gefallen mag, was freie Menschen tun. Für die sichere Existenz der Menschen, auch wenn sie uns Geld kostet. Und für das Leben und die Würde der Menschen, auch wenn es zuweilen die Dinge verkompliziert, wenn man darauf Rücksicht nimmt, anstatt »mal richtig aufzuräumen«.

Jedes Mal, wenn das Bundesverfassungsgericht ein Gesetz für verfassungswidrig erklärt, funktioniert diese Selbstbeschränkung – und sie funktioniert unabhängig davon, ob die Bürger durch direkte Abstimmung ein Gesetz beschließen oder ein Parlament dies tut.

---

2 Natürlich kann in letzter Instanz kein Gesetz, keine Verfassung, kein mit noch so weisen Worten bedrucktes Papier es ersetzen, dass Menschen diese Grundwerte aktiv verteidigen.

Bei alleine neun verfassungswidrigen Bundesgesetzen im Jahre 2010 erscheint es zumindest zweifelhaft, dass gewählte Volksvertreter rücksichtsvoller mit den Grundrechten der Menschen umgehen als diese selbst. Somit spricht nichts dagegen, den Bürgern mehr unmittelbaren Einfluss auf die politische Gestaltung einzuräumen.

Dynamische Systeme

Wir haben einen politischen Raum mit festen Regeln gebaut, ein starres System, das sich schwertut, auf neue Sachverhalte und Probleme zu reagieren. Um unsere Gesellschaft flexibel gestalten zu können, benötigen wir jedoch einen ständigen politischen Diskurs und die Möglichkeit jederzeit verbindliche und demokratisch legitimierte Entscheidungen zu treffen. Der Grundgedanke der antiken Demokratie war, dass alle stimmberechtigten Bürger sich versammeln und selbst über die Gestaltung ihres Lebensraums beraten und abstimmen sollen. Mit zunehmender Anzahl von Bürgern wurde diese direkte Form der Demokratie allerdings sehr mühsam und irgendwann als unpraktikabel verworfen. Heute entsenden wir direkt oder indirekt gewählte Vertreter, die sich im kleinen Kreis versammeln und mit unserer Stimme sprechen. Bei dieser repräsentativen Form der Demokratie vertreten uns zumindest auf Landes- und Bundesebene Berufspolitiker, die wir bezahlen, damit sie ihre Zeit möglichst vollständig der Politik widmen können. Wir erwarten, dass sie sich auch in komplexe Sachverhalte gründlich einarbeiten und fundierte Entscheidungen treffen. Da Politiker für die Folgen ihrer Arbeit verantwortlich sind, können wir sie nach Belieben kritisieren, wenn wir mit den Ergebnissen nicht zufrieden sind. Ein großer Nachteil der Professionalisierung von Politik ist allerdings, dass in der Regel nur relativ wenige Menschen aktiv an Entscheidungsprozessen teilhaben können. In der Vergangenheit mussten wir das akzeptieren, weil es einfach nicht möglich war, mehr als die kleine Gruppe der Mandatsträger in die politische Diskussion aktiv einzubinden.

Die technische Entwicklung der letzten Jahrzehnte hat unsere Kommunikation jedoch fundamental verändert. Im Prinzip können wir heute jederzeit mit jedem beliebigen anderen Menschen auf dieser Erde in Kontakt treten, ohne uns bewegen zu müssen. Im Prinzip können wir sogar auf jede verfügbare Information zugreifen, ohne uns bewegen zu müssen. In fast allen Lebensbereichen haben wir die Möglichkeit, uns selbständig zu informieren, freie Entscheidungen zu treffen und unsere Meinungen direkt zurückzumelden. Ob ich verreisen, ein Konto eröffnen oder eine Pizza bestellen will, ich habe überall die Möglichkeit, Berichte und Bewertungen zu lesen oder selbst zu hinterlassen. Für viele ist das inzwischen zur Gewohnheit, aber auch zum Anspruch geworden. Die Tatsache, dass wir bei den großen Fragen unseres gesellschaftlichen Miteinanders keinen direkten Einfluss haben, sondern nur alle vier Jahre eine geschlossene Liste gesetzter Politiker wählen dürfen, irritiert immer mehr Menschen. Die Anzahl derer, die sich vom politischen Geschehen vollständig abwenden und nicht einmal ihr Wahlrecht wahrnehmen, steigt beständig. Wenn ich heute gesellschaftlich etwas bewirken möchte, muss ich zum Beispiel in eine Partei gehen oder Mitarbeiter in einer Fraktion werden oder Teil einer Nichtregierungsorganisation werden, die Lobbyismus betreibt. In jedem Fall bin ich gezwungen, mein Leben weitgehend nach der Sache auszurichten, die ich verändern will. In den meisten Fällen möchte ich das aber gar nicht. Ich möchte einfach meine Meinung sagen beziehungsweise meine Stimme abgeben. Und ich möchte, dass viele andere Menschen das Gleiche tun. Ich will also eine niedrigschwellige Beteiligungsmöglichkeit, die es mir und vielen anderen erlaubt, gemeinsam aktiv zu sein, ohne gleich zu Aktivisten zu werden.

Wenn wir darüber nachdenken, wie wir unsere persönliche politische Handlungsfreiheit erhöhen können, dann kommen wir zurück zu den Wurzeln der Demokratie. Wir sind zwar irgendwann zu viele geworden, um uns auf einem Platz zu versammeln, aber über das Internet ist es möglich, mit Millionen Menschen zu kommunizieren, ohne an einem gemeinsamen Ort zu sein. Wir brauchen keinen realen Marktplatz mehr, wir haben einen virtuellen. Es ist also an der Zeit, zum Gedanken der direkten Demokratie zurückzukehren. Rückbesinnung ist zurzeit ohnehin populär. Wenn ein Problem wie zum Beispiel die Eurokrise aufkommt, werden einfach alle Bürger befragt, was zu tun ist. Rettungsschirm ja oder nein. Schuldenschnitt ja oder nein. Wer andere Ideen hat, kann diese natürlich direkt einbringen. Am Ende kann sich niemand mehr über vermeintlich dumme oder korrupte Entscheidungen der Regierung beschweren, weil ja jeder die Möglichkeit hatte, es besser zu machen. Und all das nicht nur zur Eurokrise, sondern auch zur Frage nach dem Betreuungsgeld und einer Föderalismusreform und zur Bezahlung von Schichtarbeitern und der nächsten Gesundheitsreform. Jeder stimmt über jede Frage ab. Online. Jeden Tag. Spätestens hier wird deutlich, dass die Idee trotz Technik an Grenzen stößt. Zum einen sind die allermeisten Menschen gar nicht gut genug gebildet – oder sagen wir informiert –, um auch nur ungefähr abschätzen zu können, welche Konsequenzen ihre Entscheidungen in jedem Fachbereich haben. Dafür müsste jeder 15 Studiengänge absolvieren. Zum anderen gibt es in der Gesellschaft einfach zu viele Fragen, die gestellt werden. Niemand hat die Zeit, sich über alle Fragen Gedanken zu machen und abzustimmen. Wir könnten einfach nur dann abstimmen, wenn uns ein Thema besonders wichtig ist. Politische Teilhabe ist schließlich freiwillig. Dies würde jedoch eine neue Ungerechtigkeit erzeugen. Menschen haben im Leben noch andere Ziele, als Politik zu machen. Man möchte Hobbys nachgehen, einen interessanten Job ausüben, sich um die Familie kümmern. Es gibt Tausende Sachen, die schöner sind, als ständig partizipieren zu müssen. Es bleiben also wieder wenige Menschen, deren Hauptbeschäftigung die Politik ist. Genau wie in der repräsentativen Demokratie. Aber im Gegensatz zu dieser sind diese Menschen überhaupt nicht legitimiert, eben nicht gewählt. Sie haben einfach nur genug Zeit und Motivation. Die Machtelite würde durch die Zeitelite ersetzt.

Es reicht uns also nicht, das Ruder aus der Hand zu geben und alle vier Jahre ein Kreuzchen als kaum merkliche Datenmenge in die Politik zu schicken. Und wir wollen nicht, dass die Macht auf diejenigen übergeht, die es sich leisten können, einen Großteil ihrer Zeit der Politik zu widmen. Nein, was wir wollen, ist eine ganz neue Form der Mitbestimmung. Eine Form, die die Vorteile von direkter und repräsentativer Demokratie miteinander vereint. Wir wollen die Freiheit, jederzeit selbst zu entscheiden, wie stark wir uns politisch beteiligen. Wir wollen sicherstellen, dass alle Menschen, die sich beteiligen möchten, das auch können. Um das zu erreichen, tun wir das, was die Bewohner des Internets ständig tun: Wir bauen Netze.

Liquid Democracy

Fangen wir mit einem fiktiven Beispiel an: Heute entscheidet der Landesverband der NRW-Piraten über die Förderung einer Kooperation mit osteuropäischen Schulen. Schüler sollen virtuell vernetzt werden, damit sie gemeinsam Englisch lernen. Ich finde den Antrag großartig und ich habe mich in unser LiquidFeedback eingeloggt, um meine Stimme abzugeben. Beim Rumklicken sehe ich, dass bald noch eine andere Entscheidung ansteht. Es geht um irgendeine abstrakte Bauentwicklungsfrage. In dem Bereich kenne ich mich gar nicht aus. Leider. Sebastian hat letztes Jahr ganz viel zu einem ähnlichen Thema gearbeitet. Ich weiß, dass er sich auskennt, und außerdem hat er ziemlich ähnliche politische Ansichten wie ich. Ich frage ihn aber gar nicht, wie ich seiner Meinung nach abstimmen soll. Ich übertrage ihm mit einem Klick meine Stimme. Ich könnte ihm meine Stimme einfach für diese

Abstimmung geben. Aber nein, da ich in dem Bereich wahrscheinlich ohnehin nicht selber abstimmen werde, delegiere ich ihm meine Stimme für den gesamten Bereich »Bauen, Wohnen, Stadtentwicklung und Verkehr«. Immer, wenn er jetzt in diesem Bereich abstimmt, hat er zwei Stimmen. Seine und meine. Ich kann alles nachprüfen, was er in meinem Namen tut. Wenn ich mit seinen Entscheidungen nicht zufrieden bin, nehme ich ihm meine Stimme einfach wieder weg. Jederzeit. Ich kann mich also zurücklehnen und habe einen Bereich weniger, um den ich mich kümmern muss. Später sehe ich zufällig, dass Sebastian in dieser Abstimmung anscheinend Herrn Gabler vertraut. Er hat seine Stimme auf ihn delegiert. Herr Gabler arbeitet im Liegenschaftsbetrieb NRW. Anscheinend vertritt er Sebastians Meinung. Wenn Sebastian auf Herrn Gabler delegiert hat, hat dieser drei Stimmen. Seine, die von Sebastian und meine. Das ist gut. Ich vertraue darauf, dass Sebastian meine Stimme sinnvoll einsetzt. Entweder indem er selbst abstimmt oder indem er die Stimme an jemanden weitergibt, den er für kompetent und vertrauenswürdig hält. Ich gehe mir einen Kaffee machen.

Liquide Demokratie ist eine Mischform aus repräsentativer und direkter Demokratie. Sie wird »flüssig« genannt, weil der Übergang zwischen beiden Formen völlig fließend ist. Sowohl in der Intensität der Beteiligung als auch in der Zeit, die man dafür aufwendet. Ich kann mich an einem Tag verhalten wie ein Berufspolitiker und nicht nur über alle Sachfragen selbst abstimmen, sondern auch selbst Anträge stellen. Manchmal habe ich keine Lust oder keine

Zeit und delegiere meine Stimme über Monate global für alle Fragen an eine andere Person meines Vertrauens. Nicht jeder muss sich an Politik beteiligen wollen. Aber wir müssen es jedem ermöglichen, Verantwortung für die Gesellschaft zu tragen, wenn er es will.

Das Prinzip der freien Stimmdelegation ist der Dreh- und Angelpunkt der Liquid Democracy. Die Übertragung der eigenen Stimme auf eine Person des Vertrauens ist das, was wir im Prinzip schon die ganze Zeit machen. Aber nur alle vier Jahre, wenn Wahlen angesetzt sind. Dann sagen wir, dass eine Partei und ein Direktkandidat mit unserer Stimme im Parlament sprechen sollen. Im Gegensatz zur Liquid Democracy können wir unsere Stimme aber nur an einen eingeschränkten Personenkreis delegieren und bekommen sie vier Jahre lang nicht zurück. Außerdem müssen wir sie unbedingt delegieren, wir können sie nicht behalten. In der liquiden Demokratie haben wir einen viel größeren Handlungsspielraum. Wir können unsere Stimme selbst benutzen oder an einen Freund übertragen oder an einen Berufspolitiker. Wir können sie für eine einzelne Abstimmung, für einen ganzen Themenbereich oder für alle Themenbereiche global übertragen.

Erst mal entstehen daraus viele Optionen. Aber wie werden sich Menschen verhalten? Es ist zu erwarten, dass ein Großteil der Stimmen delegiert wird. Meistens an Personen aus der eigenen Umgebung, an Bekannte. Diese Menschen kennen sich oft besser mit dem Thema aus als man selbst. Damit sammeln sich mehr Stimmen dort, wo die Kompetenz größer ist. Diese Personen aus der Umgebung können ihre gesammelten Stimmen wieder weitergeben an die kompetentesten Menschen, denen sie vertrauen. Vielleicht landet am Ende sogar ein großer Teil der Stimmen bei Berufspolitikern. So wie heute auch.

Es gibt aber ganz wichtige Unterschiede. Erstens wählt man kein fertig geschnürtes Paket von Zielen, wie man es bei der Wahl von Parteien tut. Ich kann mir mit liquider Demokratie mein eigenes Menü aus politischen Ansichten zusammenstellen. Ich kann die Sozialpolitik der SPD, den Nichtraucherschutz der Grünen und die Netzpolitik der Piraten wählen. Zweitens bekommen meine Stimme nicht irgendwelche Leute, die auf der Parteiliste ganz oben stehen, sondern jene, die das meiste Vertrauen auf sich vereinen. Viele haben die Befürchtung, dass es sich dann um eine »Expertokratie« handelt, weil besonders die gefragt sind, die mehr wissen als andere, also Experten sind. Jedoch ist jeder dieser »Experten« demokratisch legitimiert und diese Legitimation kann jederzeit wieder entzogen werden. Ein Mensch bekommt immer nur so viel Macht, wie andere ihm zugestehen. Wir bilden kein geschlossenes Gremium. Im Gegenteil. Wenn wir uns die Delegationsketten von oben ansehen, dann bilden wir Netzwerke. In diesen Netzwerken gibt es Endnutzer, also einfach Leute, die ihre Stimme delegieren. Es gibt kleine Knotenpunkte und es gibt große Knotenpunkte. Die größten Knotenpunkte haben den meisten Einfluss. Sie sind aber nicht aus purem Zufall die größten, sondern weil Menschen das wollen. Weil man Stimmübertragung jederzeit verändern kann, ist dieses Netzwerk nicht statisch. Es ist jederzeit aktiv und ändert sich ständig. Wie ein Gehirn.

Szenenwechsel. Wir zoomen also von der Ebene unseres Landes ganz tief hinein, bis auf Zellgröße. Wir gehen in ein anderes Netzwerk, das menschliche Gehirn. Das Gehirn ist eine unübersichtliche Maschine, die Informationen verarbeitet und Entscheidungen produziert. Eigentlich wie die Politik. Wenn wir selbst Politik machen wollen, ist es gut, das menschliche Gehirn zu betrachten. Politik wird ja sozusagen vom Gehirn gemacht. Von vielen Gehirnen sogar.

Das Gehirn beschafft sich seine Informationen über die Sinnesorgane. Nase, Ohren, Augen und so weiter. Die Infos kommen an und müssen irgendwie verarbeitet werden. Die ersten Nervenzellen in den Wahrnehmungszentren melden die ankommende Aktivität an alle Zellen weiter, mit denen sie direkt verbunden sind. Sie sprechen quasi mit ihren Bekannten. Und diese verbreiten die Information in ähnlicher Weise immer weiter. Einige der Zellen betätigen sich dabei als Bremser. Sie geben die Information nicht weiter, sondern behaupten das Gegenteil. Sie hemmen das Netzwerk und bilden so einen wichtigen Filter und einen Schutz vor Reizüberflutung. Jede Information wird zu einem kleinen Feuerwerk an elektrischen Impulsen, das verschiedene Stationen der Verarbeitung durchläuft. Irgendwann landet das Signal als Muster von Impulsen im vorderen Bereich des Großhirns, der sozusagen das Parlament des Gehirns darstellt. Da werden die Signale mit Erinnerungen abgeglichen und es werden verschiedene Reaktionsalternativen abgerufen und bewertet.

So: »Mal sehen, ich erkenne, dass ein Mädchen sich zu mir vorbeugt und die Lippen spitzt. Ah, ich erinnere mich. Das ist die Vorbereitung auf einen Kuss. Oh ja, ich möchte sie küssen. Wir hätten sicher eine schöne Zeit. Huch, mein Emotionszentrum meldet mir Nervosität und Erregung. Wird sie mir später wehtun? Sollte ich lieber weglaufen? Nein, dann ist sie verwirrt und beleidigt. Die bessere Entscheidung hier ist Küssen. Hey, motorisches Zentrum! Kuss einleiten. Sofort!«

Aber sehen wir uns an, wie diese theoretischen Gedanken alle zustande kommen: Ausschließlich über kleine dumme Nervenzellen, die alle nur eine simple Sache können: Strom leiten. Sie können nur aktiviert oder nicht aktiviert sein, bloß 1 oder 0. Trotzdem bauen sie eine Rechenleistung auf, die wir mit keinem Computer bisher hinbekommen. Weil sie viele sind und weil sie gut vernetzt sind. Netzwerke sind eine großartige Art, Informationen zu verarbeiten. Das hat diverse Gründe, die ich im Folgenden an einem viel simpleren Netzwerk erklären möchte.

Nehmen wir mal Twitter: Auf Twitter kann ich kurze Nachrichten verfassen, die automatisch an all die Nutzer verschickt werden, die sich für mich interessieren (sogenannte Follower). Meistens folgt man seinen Freunden oder interessanten Persönlichkeiten des öffentlichen Lebens. Manche Leute haben nur zwei Follower, also einen recht kleinen Leserkreis für ihre Nachrichten. Andere haben Hunderttausende. Das Interessante an Twitter ist, dass man eine empfangene Nachricht mit einem Klick an alle seine Follower weiterleiten (retweeten) kann. Wenn jemand, dem ich folge, eine interessante Nachricht schreibt, dann leite ich sie gerne an alle weiter, die mir folgen. Damit ist die Nachricht nicht nur unter seinen acht Followern verbreitet, sondern auch unter meinen hundertzwölf. Nun ist Twitter eben ein riesiges Netzwerk, auf dem es große Knotenpunkte (zum Beispiel Prominente) und kleine Knotenpunkte gibt. Damit lässt sich perfekt aufzeigen, wieso ein Netz eigentlich so gut Informationen verarbeiten kann: Das Netzwerk verbreitet tendenziell die relevanten Inhalte, während die irrelevanten eher untergehen. Was sind relevante Inhalte? Das Lustige oder das politisch Überzeugende oder das Kluge? Das entscheiden die Nutzer. Deshalb ist das Internet eine in sich demokratische Struktur. Ich kann mir vorstellen, was manche von Ihnen jetzt denken. Wieso sollte denn gerade die Masse wissen, was relevant ist und was nicht? Das ist eine schwierige Frage. Aber ich glaube an die Menschen. Und wenn wir es wirklich ernst meinen mit der Demokratie, dann sollten wir das alle tun.

Das Internet verarbeitet Information in dem Maß, in dem eine Gesellschaft diese Information will. Nicht von Flaschenhälsen und einzelnen Entscheidern gefiltert. Wie funktioniert das? Claudia ist neu bei Twitter. Inzwischen folgen ihr fünf ihrer Freunde und drei weitere Personen, die sie nicht kennt. Heute Morgen hat Claudia getwittert, dass ihr Toast verbrannt ist. Das haben ihre Freunde gelesen und nicht weiter kommentiert. Es war nicht interessant. Am Nachmittag beschäftigt Claudia sich mit der Anonymitätsdebatte im Internet. Sie ist sauer und twittert:

»Hinter der Argumentation ›Anonymität führt zu Unhöflichkeit‹ steht das Menschenbild, dass Menschen nur aus Angst vor Strafe höflich sind.« Zwei von Claudias Freunden finden den Gedanken so gut, dass sie ihre Nachricht weiterverbreiten. Tim hat 20 Follower, die die Nachricht jetzt auch bekommen. Mareike ist schon länger dabei und politisch aktiv. Sie hat 1082 Follower. Unter diesen finden sich fünf, die Claudias Nachricht über Mareike bekommen haben und sie ebenfalls weiterverbreiten. Und so weiter. Nach einer Weile ist Claudias Nachricht bei 150.000 Menschen angekommen. Obwohl sie selbst eigentlich nicht großartig vernetzt ist.

Während eine irrelevante Information versandet, aktiviert eine relevante Information riesige Teile des Netzwerks. Dadurch spielt sie eine relevante Rolle im Diskurs. Die Aufmerksamkeitssteuerung im Gehirn funktioniert übrigens genauso. Relevante Reize beschäftigen das ganze System, während irrelevante Reize unterdrückt werden. Zum Beispiel bekommen Sie im Moment kaum mit, was in Ihrem Sichtfeld außerhalb der Buchseite so rumsteht. Bis ein böser Clown von der Seite auf Sie zuspringt und als sehr relevante Information viele Nervenzellen in ihrem Gehirn feuern lässt.

Wenn wir Netze bauen, bauen wir also auch Filter. Filter sind im Informationszeitalter unglaublich wichtig. Denn obwohl wir so viel Wissen zur Verfügung haben, kann keiner die Wikipedia auswendig. Wir können all das Wissen einfach gar nicht behalten. Auf den Großteil davon müssen wir verzichten. Wir müssen ihn ausblenden, bis er eines Tages für uns relevant wird. Ansonsten wären wir einfach nicht alltagsfähig. Es geht also nicht darum, jede Information zu verarbeiten, sondern gute Ideen zu verbreiten. Ich habe schon angesprochen, wie schwer es zurzeit ist, eigene Ideen in die Politik einzubringen. Habe ich eine Idee, muss ich mein Leben danach ausrichten, diese Idee an die richtigen Menschen heranzutragen. Die althergebrachte Politik besteht aus vielen Netzwerken. Offiziellen und inoffiziellen. Letztere werden abfällig auch Seilschaften genannt. Die meisten klassischen Beziehungsnetzwerke sind recht unflexibel und verändern sich nur sehr langsam. Wenn ich politisch etwas erreichen will, muss ich die richtigen Leute kennen. Die lerne ich aber oft nur dann kennen, wenn ich aus einem bestimmten sozialen Umfeld komme. Wenn ich aus einer reichen Familie komme und auf einer guten Schule war, ist die Wahrscheinlichkeit größer, dass ich die richtigen Leute kennenlerne, als wenn ich aus mittellosen Verhältnissen stamme. Das heißt, eine Idee hat verschiedene Wertigkeit, je nachdem, aus welchem Milieu sie kommt.

Anders im Internet. Hier ist man nach Wunsch erst mal anonym oder pseudonym unterwegs. Es zählt, wie gut ein Gedanke ist, nicht von wem er kommt. Wenn Kommunikation unabhängig von der Quelle gleich behandelt wird, nennt man das Plattformneutralität. Den Begriff prägte der Blogger Michael Seemann in Anlehnung an den Begriff der Netzneutralität. Was wiederum bedeutet, dass Telekommunikationsunternehmen verschiedene Daten und Netzwerkteilnehmer im Internet gleich behandeln sollen. Die großen Netzanbieter versuchen aber immer wieder, ihre Netze künstlich zu verlangsamen, um dann Geld für die schnellere Datendurchleitung verlangen zu können. Wegzölle waren schon im Mittelalter ein lukratives und dubioses Geschäft, das den freien Warenverkehr massiv behindert hat. Auch die Politik hat versucht das Internet zu »regulieren«, um die Kommerzialisierung des Netzes zu fördern. Menschen, die die Dynamik des Netzes verstanden haben, kämpfen seither öffentlich für Netzneutralität und gegen Versuche, das Netz zu kontrollieren. Der sogenannten Netzgemeinde ist klar, dass durch die offenen Strukturen des Netzes Egalität und relative Machtfreiheit entstehen. Die breite Popularität des freien Internets hat es der Menschheit erstmals ermöglicht, wirklich freie Kommunikation und Meinungsäußerung zu betreiben. Heute muss niemand Journalist bei einer Zeitung sein, um einen Kommentar zu einem Thema zu verfassen und einer breiten Öffentlichkeit zugänglich zu machen. Im Internet steht eine wissenschaftliche Publikation völlig gleich neben einer Promi-Homepage und auch die Kolumne eines interessanten Jungbloggers ist nur einen Klick entfernt. Während viele das als Problem betrachten, sind das erst die Bedingungen, unter denen wirklich kreative Kommunikation zwischen allen Menschen zustande kommt. Denn je mehr Input wir haben, desto wichtiger wird das Wichtige sein, das wir aus dem Unwichtigen filtern. Und der Input soll nicht danach gewichtet sein, wer ihn einbringt oder was für seine Weiterleitung bezahlt wurde. Wenn es um Lösungen geht, darf kein guter Ansatz verpasst werden. Deshalb brauchen wir die Neutralität des Netzes.

Das Internet besteht aus sehr vielen sehr unterschiedlichen Plattformen wie zum Beispiel Facebook, YouTube, E-Mail, Wikipedia, Wikileaks oder Spiegel Online. Und umgekehrt ist das Netz natürlich nicht unsere einzige Kommunikationsplattform. Die Grenze zwischen Online- und Offline-Kommunikation verschwimmt zunehmend. Ich lache jedes Mal, wenn mich jemand fragt, wie viele Stunden am Tag ich online bin. Ich bin nicht online und nicht offline. Ich habe ein Handy in der Tasche und darüber betreibe ich praktisch ständig Kommunikation mit realen Menschen. Ich bin mit anderen Menschen vernetzt. Ich werde auch gelegentlich gefragt, wie oft ich mich im realen Leben mit Freunden treffe. Komische Frage! Alles ist das reale Leben. Meine Freunde sind immer real. Es spielt keine Rolle, ob wir bei mir zuhause kochen, in einem Café sitzen, telefonieren oder chatten. Es sind meine Freunde und ich möchte frei und ohne Einschränkung mit ihnen kommunizieren können. Wir sprechen nicht mehr bloß von Netzneutralität, sondern von Plattformneutralität. Unter einer Plattform versteht Seemann jede Infrastruktur, die wir zur Kommunikation miteinander nutzen. Demnach wäre auch ein Kongress eine Plattform, ein Parlament, eine Talkshow, ein Café, eine Firma und so weiter. Plattformneutralität bedeutet die prinzipielle Gleichbehandlung aller Nutzer und Inhalte der Plattform. Eine nicht neutrale Plattform wäre zum Beispiel ein Café, in dem man sich nur in einer bestimmten Sprache unterhalten darf oder in dem die Gäste nur über positive Dinge reden dürfen. Eine absurde Idee.

Mir liegt besonders am Herzen, dass unsere politischen

Plattformen neutral sind. Jeder sollte sich beteiligen können, unabhängig von wirtschaftlichen und sozialen Status, Geburtsmerkmalen und so weiter. Leider ist das immer noch eine Utopie und der Anspruch ein politisches Gesamtprojekt, aus dem sich Forderungen an alle Bereiche ableiten lassen. Wir wollen zum Beispiel jedem die Teilhabe an Politik ermöglichen, ohne wirtschaftliche Abhängigkeiten. Von da bin ich ganz schnell beim bedingungslosen Grundeinkommen. Ich möchte, dass alle die gleiche Chance haben, an Debatten teilzunehmen und diese zu verstehen. Es geht also auch um die Angleichung der Bildungschancen. Plattformneutralität bedeutet, dass Menschen unabhängig von ihrer Herkunft und ihrem Einkommen die gleichen Chancen haben. Das ist ein relativ »linker« oder sozialer Gedanke. Wenn wir uns aber anschauen, was das Ziel ist, das wir damit erreichen – nämlich größtmögliche Beteiligung und Redefreiheit für alle –, dann ist es eine ebenso liberale Idee. Plattformneutralität und der ganze Komplex um Netzwerke vereinten also soziale und liberale Grundforderungen. Grundforderungen, die jeweils von unterschiedlichen politischen Lagern beziehungsweise Parteien gefordert werden. Sozialliberal ist ein Etikett, das ich ganz gerne für die Piratenpartei benutze, weil sie vermeintlich widersprüchliche Ziele durch neue Möglichkeiten und eine neue Denkweise gemeinsam verwirklichen möchte. Bis zu echter Plattformneutralität im politischen Betrieb ist es tatsächlich noch ein weiter Weg. Aber um das Wahlprogramm der Piratenpartei soll es an dieser Stelle ja nicht gehen.

Sowohl in der liquiden Demokratie als auch in der klassischen repräsentativen Demokratie gibt es Netzwerke. Aber die Netzwerke der liquiden Demokratie sind durch den Mechanismus der freien Stimmgewichtsübertragung relativ neutral und flexibel, während die Netzwerke der klassischen Politik, wo es viel auf persönliche Kontakte und wirtschaftlichen Einfluss ankommt, weniger neutral und starrer sind. Wir wollen die Struktur, die möglichst viel Teilhabe ermöglicht. Ich spreche hier übrigens von echter Teilhabe. Es gibt ja durchaus schon Versuche, Teilhabe zu simulieren. Ein Beispiel sind Bürgerbefragungen und Volksentscheide. Meistens werden Menschen dabei mit zwei feststehenden Möglichkeiten konfrontiert und müssen sich zwischen beiden entscheiden. Bauen wir eine Musikhalle oder nicht? Benennen wir den Hindenburgplatz in Schlossplatz um oder nicht? Kompromisse sind mit Beginn der Beteiligungsphase nicht mehr möglich. Es ist immerhin ein erster Schritt, überhaupt mal Mehrheiten abzufragen, aber echte Partizipation beginnt schon bei der Fragestellung. Menschen müssen in die Lage versetzt werden, die Fragen und die Alternativen selbst auszuarbeiten. Im besten Fall können sie selbst Anträge stellen. Natürlich wird unter der Vielzahl an Anträgen auch jede Menge vermeintlicher Unsinn dabei sein. Dieser sollte dann herausgefiltert werden, und zwar nicht von einzelnen Menschen oder Institutionen, sondern vom Netzwerk selbst.

Alte Netze – Parteigliederungen

Ehe ich über praktische Umsetzungen von Liquid Democracy schreibe, möchte ich noch einen Aspekt hervorheben, der dabei wichtig ist. Er hat mit den bestehenden Netzwerken der repräsentativen Demokratie zu tun und mit dem politischem Diskurs. Der politische Diskurs ist all das, worüber wir Menschen (bzw. unsere Politiker) streiten. Er ist ein ständiger Prozess, ein ständiges Aufwerfen und Beantworten von Fragen. Im Idealfall sind alle Menschen irgendwie beteiligt. Aber wo findet er eigentlich statt? Überall. Zum Beispiel in Talkshows, beim Mittagessen, in Tageszeitungen, auf Parteitagen und bei Stammtischen. Unser Blick auf den politischen Diskurs unterscheidet sich – je nach politischer Einstellung – sehr stark. Darum gibt es beispielsweise Zeitungen, die als eher links, liberal, konservativ oder rechts bezeichnet werden. Klassische Medien können jeweils nur einen Kanal bedienen und an alle Menschen das Gleiche senden. Sie können insbesondere nicht empfangen, zumindest nur extrem eingeschränkt. Um als Bürger am politischen Diskurs teilzunehmen, hat die Architektur der Bundesrepublik Deutschland eine andere Struktur vorgesehen – die Parteien. Eine Partei ist Repräsentant und Kristallisationspunkt einer politischen Grundströmung. Doch ihre Funktion geht viel weiter, als Verfechter dieser Grundströmung in einem Parlament zu vertreten. Parteien sind im Allgemeinen hierarchisch strukturiert. Entlang ihrer Hierarchie ermöglichen sie Kommunikation vom einfachen Bürger bis in die Parlamente und zurück.

Sehen wir uns dazu doch an, wie eine landesweit agierende Partei gegliedert ist. Sie hat im Allgemeinen eine Bundesebene, Landesverbände, Kreisverbände, Ortsverbände und lokale Stammtische. Die »Benutzung« einer Partei kann folgendermaßen aussehen: Ich gehe in meinem Ortsverband an den Stammtisch und sage, dass ich finde, dass der Euro doof ist. Die anderen stimmen mir eifrig zu. Wir denken, dass unsere Partei sich gegen die Rettung des Euro einsetzen müsse. Der Vorstand unseres Ortsverbandes trifft sich im Kreisverband und trägt das weiter. Dann wird es bis auf die Landesebene getragen, von wo unser Kreisverband eine Broschüre mit Information zur Eurorettung bekommt. Der Landesverband trägt gleichzeitig die Unzufriedenheit hinauf in den Bundesverband. Da laufen alle Landesverbände zusammen und die Parteispitze hat eine Ahnung, was die Menschen so sagen. Sie kann auch wieder hinunterkommunizieren. So läuft die Kommunikation hin und her. Im Prinzip ist eine Partei ein recht unflexibles soziales Netzwerk mit langen Kommunikationswegen. Aber abgesehen davon, ob die Bundesebene überhaupt mitbekommt, was ich irgendwo am Stammtisch sage, gibt es noch ein anderes Problem: Ich muss mich (zunächst) auf der untersten Ebene einbringen. Und das könnte dann auch so aussehen: Ich komme zum Treffen meiner Partei in einer beliebigen Kneipe. Es ist recht voll da, es riecht nach Bier und am Stammtisch sitzen Männer mittleren Alters, die mit hochroten Köpfen über irgendwas lachen. Ich komme da als junge Frau hin und soll mich dazusetzen und politisch mitarbeiten. Im besten Fall befasst sich die Gruppe gerade mit Verkehrsregelung oder was sonst so ansteht in unserem Ort. Ich habe kein Auto und interessiere mich nicht besonders für Verkehrsregelung. Da ich erst seit zwei Jahren in dem Ort wohne, fühle ich mich nicht besonders eingebunden. Ich würde mich lieber mit Bildungspolitik beschäftigen, aber das ist ein Landesthema, für das sich hier niemand interessiert. Ich gehe nach Hause und komme nicht wieder. An dieser Stelle endet mein politisches Engagement. Schade. Eine große Organisation mit vielen tausend aktiven Mitgliedern benötigt eben Hierarchien, um alle einzubinden und trotzdem nicht im Chaos zu versinken. Oder nicht?

Exkurs: LiquidFeedback

Jerusalem, Israel. In einer Seitenstraße befindet sich eine verrauchte kleine Kneipe, in der Jazz-Musik gespielt wird. Sie gehört Dan, der jahrzehntelang Direktor eines wichtigen israelischen Politmagazins im Fernsehen war. Heute gehört ihm einfach nur die Bar, wo er sich zu Gästen an den Tisch setzt. An unserem Tisch sitzen Mitglieder der neu gegründeten Piratenpartei Israel. Im Halbdunkel kreisen zwischen uns Gläser, Zigaretten und diverse Sprachen. Es sind schwierige Zeiten für die junge Partei, weil in zwei Monaten Wahlen anstehen, zu denen sie bereits antreten müssen. Das heißt konkret, dass viel praktische Arbeit ins Haus steht. Keith hat seinen Laptop aufgeklappt und zeigt mir etwas, das ich von zuhause kenne. LiquidFeedback. »Im Prinzip haben wir das Tool bisher bloß ins Hebräische übersetzt«, erzählt Noam. »Aber wir wollen es noch mehr an unsere Bedürfnisse anpassen. Es lässt sich gut in der Kommunalpolitik einsetzen. Es gibt hier viele, die nicht wahlberechtigt sind, in Ost-Jerusalem. Die können wir damit zu uns ins Boot holen. Wir arbeiten gerade an einem Konzept für die Registrierung.« »Bei uns haben wir es an die Mitgliederdatenbank gekoppelt«, erzähle ich. Wir reden über verschiedene Konzepte der Verifizierung eines echten Menschen, über Datenschutz und über die Möglichkeit verbindlicher Abstimmungen. Ich stelle alte und neue Konzepte vor, die die deutschen Piraten zurzeit ausprobieren. Die Israelis erklären die lokalen und gesetzlichen Umstände. Wir gleichen Ideen ab, wir streiten. Ich beginne zu begreifen, dass dieser Prozess an vielen Orten der Welt passiert. Gerade jetzt sitzen irgendwo junge Menschen zusammen und zerbrechen sich die Köpfe, debattieren über Möglichkeiten, demokratische Netze zu bauen. Und dadurch, dass es so viele sind und dass dieser Prozess so dezentral ist, kommen wir mit einer wahnsinnigen Geschwindigkeit voran. Alles, was ich hier schreibe, kann also nur eine Momentaufnahme sein. LiquidFeedback ist eine politische Online-Plattform. Und LiquidFeedback funktioniert nach den Prinzipien der Liquid Democracy.

Ich habe bereits über die Grundideen von Liquid Democracy gesprochen: Vertrauen, Kontrollierbarkeit und flexible Delegation von Arbeit und Einfluss. Eine ganz analoge Umsetzung könnte man sich folgendermaßen vorstellen: Wir organisieren eine Podiumsdiskussion mit rund 2000 Zuschauern, aber wir legen kein Thema fest und laden auch keine Referenten ein. Das Publikum entscheidet demokratisch, wer reden darf (und damit auch, über was gesprochen wird): Als Anwesende bekomme ich eine Art Golfball mit einer eindeutigen Nummer darauf (so wie beim Lotto). Diesen kann ich jederzeit an jemand anderen weitergeben oder wieder zurückverlangen. Auf dem Podium sitzen dann jeweils die fünf Leute, die gerade die meisten Bälle haben. Wenn ich selbst viele davon habe, muss ich natürlich nicht selbst reden. Ich kann meine ganze Bällesammlung an jemanden weitergeben (und jederzeit wieder zurückverlangen). Je größer meine Sammlung ist, desto mehr Einfluss habe ich auf den Verlauf der Diskussion. Wenn ich Glück habe, kann ich sogar mal eben dafür sorgen, dass eine bestimmte Person auf das Podium kommt oder dieses verlassen muss. Wenn die Redebeiträge von mir – oder denjenigen, die ich auf das Podium gebracht habe – niemand hören will, werde ich diesen Luxus wieder verlieren. Das kann sogar sehr schnell gehen. Wenn mir zum Beispiel jemand ein Paket mit 200 Bällen gegeben hat, kann er diese jederzeit zurückverlangen, dann ist mein Einfluss mit sofortiger Wirkung futsch. Was für mich gilt, gilt natürlich genauso für alle anderen. Die Veranstaltung ist schließlich plattformneutral. Von außen betrachtet geht es in dem Raum zu wie in einem Ameisenhaufen oder auf dem Basar – ein Gewusel von Leuten, die Bälle durch die Gegend tragen, austauschen, in Päckchen packen und diese gegeneinander abwiegen. Wir brauchen sehr große Lautsprecher, damit es überhaupt möglich ist, der Diskussion zu folgen. Vielleicht nehmen wir aber auch gar keine realen Bälle, sondern virtuelle, die man per Mausklick hin und her schieben kann. Vielleicht treffen wir uns auch gar nicht an einem realen Ort, sondern virtuell, irgendwo im Internet. Egal wie wir es im Detail umsetzen, bei Liquid Democracy geht es um die demokratische Verteilung von Einfluss, also Macht. Das Neue ist, dass die Macht nicht hierarchisch verteilt wird, sondern durch ein sehr flexibles Netzwerk von Stimmgewichtsdelegationen.

Wer Spaß an Gedankenspielen hat, kann sich einen ganzen Staat vorstellen, der online per Liquid Democracy regiert wird. Dort kann sich jeder Bürger auf einer speziellen Website einloggen und selbst Vorschläge einbringen, die Vorschläge von anderen lesen und bewerten, über Anträge abstimmen oder seine Stimme an andere Personen delegieren. Anstelle eines Parlaments gäbe es in diesem Land ein System, bei dem auf der einen Seite Ideen reingegeben werden und auf der anderen Seite demokratisch legitimierte Gesetze rauskommen. Das Filtern und Bewerten würden keine Spitzenpolitiker übernehmen, sondern das soziale Netzwerk der Bürger. Das klingt interessant, ich kenne allerdings niemanden, der so etwas tatsächlich ernsthaft fordert. Das Konzept Liquid Democracy ist einfach zu neu und es gibt noch zu viele offene Fragen, als dass man die durchaus bewährte parlamentarische Demokratie einfach unbedacht über den Haufen werfen würde. Wie lange gelten die einmal getroffenen Entscheidungen? Wer trägt die Verantwortung? Wie kontrollieren wir, dass das System nicht manipuliert wird? Trotzdem ist Liquid Democracy eine spannende und zukunftsweisende Idee, die die repräsentative Demokratie zumindest gut ergänzen kann. Wenn wir liquide Systeme entwickeln und benutzen wollen, hilft es leider nicht allein, sich kluge Gedanken zu machen. Wahrscheinlich sollten wir einfach ausprobieren, was wir haben, und die Konzepte langsam verfeinern und weiterentwickeln. Oft hilft es, mutig zu sein, nicht gleich den Teufel an die Wand zu malen und zu schauen, was passiert. Dann bauen wir nicht nur neue Netze, sondern wir lernen im selben Zug auch etwas über sie. Wir wären also Politiker und Wissenschaftler in einer Person.

Die Piratenpartei ist eine der Organisationen, die intern alternative Demokratieformen ausprobiert und weiterentwickelt. Wir hoffen, damit der Demokratie an sich einen Dienst zu erweisen. Zurzeit verwenden wir die Software »LiquidFeedback«, um Liquid Democracy umzusetzen und mit Ideen zu spielen. LiquidFeedback entstand ursprünglich im Umfeld der Piratenpartei Berlin und wurde von dieser zuerst verwendet. Das Projekt hat sich inzwischen von der Partei gelöst und wird von der politisch neutralen Public Software Group weiterentwickelt. Innerhalb der Partei gibt es mehrere Gruppen, die daran arbeiten, das System zu verbessern und Programme zu schreiben, die mit LiquidFeedback direkt zusammenwirken.

LiquidFeedback ist ein Werkzeug zur gemeinsamen Verbesserung und Bewertung von Texten. Für Anwender ist es einfach eine Website, auf der man sich einloggt und dann Zugriff auf alle Texte und Abstimmungen hat. Zur besseren Übersicht sind die Inhalte in verschiedene Themenbereiche wie zum Beispiel »Außenpolitik« oder »Kinder, Jugend, Familie und Bildung« gegliedert. Bei unserem parteiinternen System sind alle Parteimitglieder antrags- und stimmberechtigt. Den Benutzern steht es frei, unter ihrer tatsächlichen Identität aufzutreten oder einen beliebigen Nickname zu verwenden. Dies kann zum Beispiel sinnvoll sein, wenn man Angst hat, von anderen beeinflusst oder wegen seiner politischen Einstellungen benachteiligt zu werden. Ganz im Sinne der Liquid Democracy ist es immer möglich, die eigene Stimme global oder für bestimmte Themen weiterzugeben.

Ich möchte zum Beispiel, dass wir uns ins Parteiprogramm auf Landesebene schreiben, dass neben Lehrern auch Sozialpädagogen an Schulen eingestellt werden, damit diese sich um die nicht fachbezogenen Probleme der Kinder kümmern können. Ich schreibe dazu einen Antrag, in dem ich umreiße, wie hoch gerade der Anteil des nicht lehrenden Personals an Schulen ist und mit welcher Doppelbelastung Lehrer konfrontiert sind, weil sie, statt bloß Mathe zu unterrichten, auch darauf achten müssen, ob Timmy gemobbt wird. Mein Antrag ist eine Initiative, der ich einen beliebigen Titel geben kann, zum Beispiel »Sozialpädagogen an Schulen«. Die Initiative ordne ich dem Themenbereich »Kinder, Jugend, Familie und Bildung« zu. Dort erscheint sie zunächst in einer langen Liste mit anderen neuen Initiativen. Bevor es weitergeht, müssen mich mindestens 10 % der im Themenbereich angemeldeten Benutzer unterstützen. Dadurch wird deutlich, dass meine Idee eine gewisse Relevanz hat. Dieses Quorum funktioniert als Filter für allen möglichen Quatsch, den man mit dem System betreiben könnte. So werden wir nicht von Abstimmungen überflutet. Wenn sich mehr als 10 % aller Bildungsinteressierten für mein Thema interessieren, kommt es in eine längere Diskussionsphase.

Jetzt können die anderen Mitglieder meinen Vorschlag bewerten, Anregungen machen, die Anregungen anderer bewerten und wenn nötig selbst einen konkurrierenden Vorschlag schreiben. Olga schreibt zum Beispiel die Anregung: »Dein Vorschlag ist gut, aber du musst hineinschreiben, aus welchem Topf du die Sozialpädagogen finanzieren möchtest«. Jeder kann nun klicken, ob Olgas Vorschlag aus seiner Sicht umgesetzt werden soll oder nicht. Ich kann meine Initiative dann ändern und eine Passage zur Finanzierung einfügen. Tim hat die Anregung geschrieben, dass die Sozialpädagogen nur Frauen sein dürfen, weil Frauen das besser könnten. Zu dieser Anregung haben ganz viele geklickt, dass sie nicht umgesetzt werden soll, weil sie schlecht ist. Ich beachte sie einfach nicht weiter. Bernard ist mit meiner Initiative so wenig einverstanden, dass er erst gar keine Anregung schreibt. Er formuliert direkt eine Gegeninitiative. Sie heißt: »Kein zusätzliches Personal an Schulen. Lehrer besser ausbilden« und steht direkt neben meiner. Auch Bernard erhält Anregungen und setzt einige davon um. Nach einiger Zeit (meist einigen Wochen) werden die Texte eingefroren. Man kann sie dann nicht mehr verändern und alle können sich in Ruhe beide Initiativen in ihrer endgültigen Form ansehen. Erst einige Tage später beginnt die Abstimmung. Jetzt kann ich meiner eigenen Initiative zustimmen und die Gegeninitiative ablehnen. Ich kann auch beiden in einer bestimmten Reihenfolge zustimmen. Ich stimme dabei mit zweiundzwanzig Stimmen ab, weil einundzwanzig Leute direkt oder indirekt im Bereich Bildung auf mich delegiert haben. Jedes Parteimitglied kann einsehen, welche Personen das sind, die Delegationsketten sind nachvollziehbar. Mein Abstimmungsverhalten auch. Am Ende steht nicht nur der Text der beliebtesten Initiative, sondern dieser ist auch verbessert durch die beliebtesten Anregungen. Dadurch, dass es keine freien Kommentare gibt, verstricken wir uns nicht so leicht in belanglose Streitereien. Das Anregungssystem motiviert dazu, konstruktiv zu arbeiten.

Was passiert mit meinem Antrag, wenn über ihn in LiquidFeedback erfolgreich abgestimmt wurde? Erst mal gar nichts. Im System können derzeit keine bindenden Beschlüsse gefasst werden. Die Abstimmungen sind lediglich unverbindliche Meinungsbilder. Durch das Feedback und die Anregungen erhöht sich allerdings die Qualität der Texte. Die besten Anträge können beim nächsten Parteitag zur Abstimmung gestellt werden. Der Parteitag kann dann verbindlich eine Entscheidung treffen und zum Beispiel die von mir geforderte Passage ins Wahlprogramm einfügen. Der Parteitag wird also unterstützt, aber liquide Demokratie ist das noch nicht.

Seit die Piratenpartei in verschiedenen Landesparlamenten vertreten ist, können wir mit der Anbindung an die echte Politik experimentieren. Das Modell, das im Moment in Berlin betrieben wird, ist eine Ankopplung der Parteimitglieder über die Abgeordneten. Im Berliner Abgeordnetenhaus sitzen fünfzehn Piraten. Sie haben sich vorgenommen, eine Hybridform aus liquider Demokratie und dem bestehenden parlamentarischen System auszuprobieren. Die Mitglieder können in zwei Richtungen eingebunden werden. Jeder kann eigene Initiativen an die Fraktion leiten (von unten nach oben, sozusagen) und die

Fraktion kann im Parlament vorhandene Vorschläge der Partei zur Diskussion vorlegen (von oben nach unten). Für Letzteres beschäftigt die Fraktion eine Mitarbeiterin, die alle möglichen Anträge – also die der Piraten, aber auch die der anderen Fraktionen – ins LiquidFeedback stellt. Dort können alle Berliner Piraten darüber abstimmen. Meist übernehmen die Abgeordneten bei der parlamentarischen Abstimmung das Ergebnis aus LiquidFeedback. Damit können sie geschlossen auftreten, ohne dass die Abgeordneten dem klassischen Fraktionszwang ausgesetzt sind und binden gleichzeitig noch die Parteibasis ein. Weil sie laut Verfassung bei Entscheidungen nur ihrem Gewissen unterworfen sind, können Abgeordnete natürlich auch abweichend abstimmen. Das begründen sie dann ausführlich. So kann auch die Frage nach der Verantwortlichkeit beantwortet werden. Mittlerweile wurde das Konzept dahingehend modifiziert, dass nicht mehr jeder Antrag von Fraktionsseite ins System eingestellt wird, sondern nur noch die, bei denen eines der Fraktionsmitglieder ein Anliegen hat. Außerdem kann jederzeit jedes Mitglied der Piratenpartei eine Anregung zu einem beliebigen Antrag einstellen, zu dem es Änderungsbedarf hat.

»Wir haben festgestellt, dass LiquidFeedback nur dann wirklich Sinn ergibt, wenn man tatsächlich ein Anliegen hat«, erklärte mir Simon Weiß nach einem Jahr als Abgeordneter. Die Möglichkeit, Entscheidungen mit der Parteibasis abzustimmen, ist nicht nur demokratisch. Es ist auch eine Arbeitserleichterung. Die Abgeordneten machen noch immer einen Mammutteil der Arbeit und tragen die gesamte Verantwortung für jede Entscheidung. Doch die

Wahrscheinlichkeit, dass ihnen grobe Fehler unterlaufen, sinkt bei Anträgen, die LiquidFeedback durchlaufen haben. Es gibt einfach mehr Menschen, die diese Anträge überprüfen und verbessern. Wie jede neue Beteiligungsmöglichkeit braucht auch diese erst Zeit, um Fahrt aufzunehmen. Die Abgeordneten wünschen sich von den Parteimitgliedern mehr Beteiligung an ihrer Arbeit. Schon dieser Wunsch zeigt, dass das System durchaus sinnvoll ist.

Der Weg der Piraten ist aber nicht die einzige Möglichkeit, Liquid Democracy in die reale Politik zu integrieren. In Friesland wird LiquidFeedback in der Kommunalpolitik eingesetzt, und zwar offen für alle Bürger. Obwohl die Software ursprünglich für den Betrieb innerhalb von Parteien oder Organisationen geplant war, experimentiert man also damit, direkte Bürgerbeteiligung zu ermöglichen. Interessant wird das besonders, wenn wir irgendwann Plattformen entwickeln, die auch mit begrenzten finanziellen Mitteln funktionieren. Es gab durchaus auch mal die Idee, LiquidFeedback innerhalb von Parlamenten einzusetzen, nur für die Parlamentsmitglieder. Dort würde die liquide Demokratie die Fraktionsstrukturen aufbrechen und möglicherweise eine konstruktivere Zusammenarbeit der Koalitions- mit den Oppositionsparteien ermöglichen.

Was auch immer das Ziel ist – liquide demokratische Systeme müssen ausprobiert werden. Und zwar müssen sie in einer Umgebung ausprobiert werden, in der sie tatsächlich Entscheidungen beeinflussen. Im Gegensatz zu spielenden Kindern macht es für Erwachsene nämlich meist einen unglaublich großen Unterschied, ob es tatsächlich um etwas geht oder nicht.

Es gibt eine ganze Reihe von Problemen, die die unklare Grenze zwischen »Bürger« und »Politiker« markieren und die im Rahmen von Liquid Democracy, wo jeder ein bisschen Politiker ist, relevant werden. Ohne LiquidFeedback wären wir auf diese Probleme gar nicht gestoßen. Es macht zum Beispiel vielen Piraten zu schaffen, dass es auf LiquidFeedback sogenannte »Superdelegierte« gibt, auf die so viele Stimmen delegiert wurden, dass sie allein mit ihrer Stimme eine neue Initiative über das Quorum von 10 % heben können. Diese Machtansammlung wird von vielen skeptisch betrachtet. Dem muss ich entgegensetzen, dass diese Menschen nur so lange Macht auf sich versammelt haben, wie sie aus Sicht der Delegierenden gute Arbeit machen. Diese Machtkonzentration ist ein instabiler Zustand, der allein vom Willen der einzelnen Mitglieder abhängt. Wenn alle gerade wollen, dass diese bestimmte Person etwas entscheidet, dann wird sie das auch tun. Das ist die ganze Idee hinter liquider Demokratie. Hier Menschen Machtkonzentration zu unterstellen übergeht den Willen aller, die ihre Stimme delegiert haben. Wir haben sogar beobachtet, dass »Superdelegierte« selten mit vielen Stimmen abstimmen. Kurz vor der tatsächlichen Abstimmung entscheiden sich oft zwei oder drei der Delegierenden, die manchmal selbst Dutzende von Stimmen auf sich vereinen, selbst abzustimmen. Dadurch zerfallen die scheinbar eindeutigen Machtverhältnisse dynamisch. Das ist genau, was wir wollen.

Ein anderer großer Streit betrifft die Identifizierbarkeit

der Teilnehmer. Das Problem ist, dass LiquidFeedback über Computer und das Internet funktioniert und wie alle Computersysteme prinzipiell angreifbar und manipulierbar ist. Geheime Wahlen und Abstimmungen kommen deshalb mit LiquidFeedback grundsätzlich nicht infrage. Es wäre nicht einmal möglich zu überprüfen, ob eine Manipulation stattgefunden hat. Alle Abstimmungen im System sind offen und für alle Nutzer nachvollziehbar. Jedes Mitglied muss im Nachhinein zu seinen Abstimmungsentscheidungen stehen. Im Sinne der politischen Verantwortlichkeit gibt es die Forderung, die Nachvollziehbarkeit unter anderem auf die Angabe des bürgerlichen Namens auszudehnen und so die Identifizierbarkeit aller Teilnehmer zu ermöglichen. Ein LiquidFeedback mit echten Namen wäre transparent und überprüfbar genug, um wirklich verlässliche Ergebnisse zu produzieren und damit verbindliche Entscheidungen zu treffen. Die Argumentation ist: »Du nimmst Einfluss auf die Politik, also bist du Politiker. Als solcher bist du der Transparenz verpflichtet.« Dem steht das Argument entgegen, dass Bürger keineswegs schon Politiker sind, wenn sie irgendeinen Einfluss ausüben. Politische Positionen dürfen nicht per se (zum Beispiel durch den Arbeitgeber) abrufbar sein. Wahlen sind schließlich auch nicht ohne Grund geheim. Das LiquidFeedback-System der Piratenpartei funktioniert deshalb mit Pseudonymen, die über einen komplizierten Prozess geschützt werden. Die Pseudonyme haben den Vorteil, dass die Nutzer selbst entscheiden können, ob sie sich zu erkennen geben oder nicht. Wer möchte, benutzt einfach seinen echten Namen als Pseudonym. Wer lieber in der Deckung bleiben will, verwendet einen Phantasienamen. Die Teilnahme an unverbindlichen Abstimmungen empfinden viele Piraten als Zeitverschwendung, so dass die Zahl der aktiven LiquidFeedback-Benutzer zurzeit bei 15–20 % liegt. Die Konflikte um die Einführung von LiquidFeedback, um Nachvollziehbarkeit und Datenschutz wurden innerhalb der Partei sehr leidenschaftlich und emotional ausgetragen. Inzwischen werden sie nicht ganz ernst gemeint als Liquid-Kriege bezeichnet. Die Diskussion ist aber deshalb so wichtig, weil sie nur zu einem kleinen Teil technischer Natur ist. Wir streiten direkt oder indirekt um Macht und Verantwortung. Es geht darum, ob es einige schaffen, klassische hierarchische Machtstrukturen zu etablieren oder ob es uns gelingt, den Netzwerkgedanken tatsächlich zu leben. Im Moment stecken wir mitten in einem schmerzhaften, aber sehr wichtigen Selbstfindungsprozess, der durch den Erfolgsdruck der kommenden Bundestagswahl nicht in Ruhe ablaufen kann. Bei allem Streit ist es gut und beruhigend, dass es in unseren Reihen immer Menschen gibt, die beharrlich weiterdenken und nach neuen Lösungen suchen. Wir sind eben Erfinder – und wir tüfteln.

Transparenz

Es ist Herbst in Berlin. Ich habe eine Einladung in eines dieser Cafés, in denen eigentlich die Politik gemacht wird. Eine Mitarbeiterin einer Bundestagsfraktion möchte mich kennenlernen. Ich will eine Vorstellung davon gewinnen, wie das Leben im Bundestag so aussieht, also sage ich zu. Wir treffen uns am späten Nachmittag, ich bin verschnupft und müde. Anna, die Fraktionsmitarbeiterin, ist eine relativ junge Frau mit blonden Haaren und einem bunten Halstuch. Sie duzt mich direkt. Wir sind immerhin so was wie Schwestern in einem männlich dominierten politischen Betrieb. Sie bestellt einen Kaffee und wir plaudern eine Weile. Dann leitet sie unauffällig über: »Ich möchte einfach verstehen, was es eigentlich ist, was die Piratenpartei will. Meine Partei beobachtet euch nur so auf der Ebene ›Was können wir tun, damit sie uns keine Wähler mehr klauen?‹ …«

»… und dann richtet sie sich auch eine Facebook-Seite ein?«, unterbreche ich scherzend. Sie lacht.

»Ja, genau, so was. Aber ich meine, ihr seid ja alles junge Leute. Mich interessiert, was das für eine Idee ist, die euch eigentlich antreibt. Ich glaube einfach, dass das mehr ist als damals bei den Grünen.«

Ich erzähle ihr, dass die Piraten lediglich der Kristallisationspunkt einer großen gesellschaftlichen Veränderung sind, die gerade passiert. Dass sogar wir nicht im Detail wissen, wie diese Veränderung aussehen wird. Dass wir am Rande eines Wandels in jedem Bereich des Lebens stehen. Wir wissen immer mehr, werden immer vernetzter, immer individueller. Das Bild der Familie ändert sich, das Bild des Freundeskreises und der Freizeit. Es geht viel um Arbeit. Ich erzähle darüber, wie der technische Fortschritt uns von schwerer und monotoner Arbeit befreien soll. Die Wirtschaft fördert den technischen Fortschritt. Und damit strebt die Wirtschaft selbst an, uns von Arbeit zu befreien. Ich erzähle, dass wir uns von dem Gedanken lösen müssen, für jeden Menschen eine Beschäftigung zu finden, auch wenn sie unnötig ist. Dass Vollbeschäftigung kein Ziel mehr sein kann und dass an die Stelle der Beschäftigung Gestaltung treten muss. Damit bin ich beim bedingungslosen Grundeinkommen. Ich erzähle ihr von der neuen zentralen Rolle der Bildung in einer Welt, in der man seine Existenz größtenteils durch Verwaltung von Information bestreiten muss. Ich erzähle lang und fuchtle dabei mit den Armen. Sie schreibt hastig mit. Zu fast jedem meiner Sätze macht sie sich irgendeine Notiz, mit Pfeilen und Unterstreichungen.

Wir sprechen darüber, wie man Netzwerke bauen kann in der Politik und von Plattformneutralität. Sie seufzt schwer und hört auf, sich Notizen zu machen. Das Thema beschäftigt sie. »Ich bin in meine Partei eingetreten, weil ich im Wahlprogramm echt jeden Satz so unterschreiben könnte.« Ihre Augen glänzen aufrichtig: »Ich wollte was verändern. Nur manchmal denke ich, ich bin umgeben von mittelalten Männern mit Bauch, und ich finde mich da überhaupt nicht wieder. Man muss wirklich erst die Ochsentour machen. Vielleicht passt man sich da irgendwie an. Bei uns ist alles durchorganisiert. Die Pressereferenten haben jeden Morgen einen Pressespiegel vorliegen und dann werden die Reden von den Mitarbeitern passend dazu geschrieben.«

»Wir haben so was gar nicht«, erwidere ich etwas zerstreut. Ich hatte kurz Wunschphantasien von einem eigenen Büro mit Mitarbeitern nachgehangen.

»Wie?«, fragt sie nach.

»Naja, wir machen keinen Pressespiegel. Wir sagen halt Dinge, wenn wir gefragt werden. Vermutlich sind wir deshalb auch so scheiße in Agendasetting. Aber so ne professionelle Struktur ist bei uns halt einfach nicht drin. Ich habe meine Sachen und Termine und so was die meiste Zeit alleine gemacht, dann hatte ich zwei ehrenamtliche Assistenten. Und ich musste mir die wichtigen Themen des Tages immer erst anlesen, falls ich danach gefragt wurde. War ziemlich chaotisch.«

Anna notiert wieder.

Ich erzähle ihr, was wir in Zukunft so vorhaben. Dass wir keinen klassischen Wahlkampf machen werden, weil unser Budget dafür im Wesentlichen der Schweiß vieler fleißiger Helfer sein wird. Ich sage, dass es uns auch am Herzen liegt, andere Parteien zu verändern. Sie wirkt am Ende interessiert und zufrieden.

Als ich das Café verlasse, laufe ich die Spree entlang und telefoniere mit Rebekka, die mir ehrenamtlich hilft, täglich Hunderte von E-Mails zu sortieren.

»Dir ist klar, dass sie dich vermutlich aushorchen wollte für den Wahlkampf gegen uns«, fragt sie nach meiner Schilderung des Treffens.

»Ja, das ist mir klar«, antworte ich.

»Und was hast du ihr erzählt?«

»Na, alles. Alles, was ich weiß, jedenfalls. Ich glaube nicht, dass man das irgendwie benutzen kann, um uns zu schaden. Es gab ja nur zwei Möglichkeiten. Geheimagent spielen und unsere Ideen hüten – oder das tun, was wir tun wollten, seit diese Partei gegründet wurde. Wissen teilen. Ich hatte schon das Gefühl, dass sie in ihrer Partei auch was ändern will. Ist doch gut, wenn sie das kann, indem sie neue Gedanken einstreut. Wenn die grauen Männer dann in ihren Reden plötzlich von Plattformneutralität reden – ist doch cool.«

»Du meinst also, die Profis sollen uns helfen unsere Themen zu setzen?«

»Ja, so ungefähr.« Ich denke einen Moment nach. »Wenn man dasselbe Ziel hat, ist es besser, möglichst viel Information auszutauschen. Also, wenn wir irgendwie Dinge modernisieren wollen, und die auch, dann muss doch nicht jeder das Fahrrad neu erfinden.«

Ich überlege, ob ich recht habe. In dieser Zeit laufe ich auf meinem Weg zum Bahnhof am Reichstag vorbei. Ich betrachte das Gebäude und denke mir – darin wird genug getuschelt. Und wenn man was ändern will, dann besser bei sich anfangen.

Das Stichwort Transparenz hat mittlerweile seinen Weg ins Vokabular aller Parteien gefunden. Wie genau wir es mit Inhalt füllen, ist eine noch laufende Debatte, die ich in Teilen bereits beantworten kann, in Teilen noch nicht. Aber beginnen wir mit dem logischen Anfang. Woraus ergibt sich überhaupt die Forderung nach Nachvollziehbarkeit? Es gibt zwei völlig verschiedene Gründe. Der erste Grund für Transparenz hat gar nichts damit zu tun, ob sie sinnvoll ist oder nicht. Es ist ein moralischer Anspruch, der der einfachen Logik folgt: »Nichts von dem, was im Namen des Bürgers geschieht, darf dem Bürger im Normalfall vorenthalten werden.« Dieser moralische Anspruch an transparente Arbeit unserer Repräsentanten ist so wenig von pragmatischem Denken getrieben wie die Menschenrechte. Das Gute ist aber, dass Nachvollziehbarkeit durchaus völlig pragmatische Gründe hat, die die politische Arbeit produktiver und besser machen.

Über den pragmatischen Teil von Transparenz lässt sich Folgendes in aller Knappheit sagen: »Transparenz erhöht die Produktivität immer dann, wenn gemeinsame Interessen vorliegen.«

Wenn zum Beispiel ein Team gemeinsam Quizfragen beantwortet, dann ist es für die Selbstorganisation der Beteiligten wichtig zu wissen, wer sich auf welchem Gebiet auskennt. Sie machen nichts doppelt, können sich absprechen und erhöhen so durch Nachvollziehbarkeit ihre Produktivität. Wenn sie die Fragen in einem Wettbewerb gegen ein anderes Team beantworten müssen, dann verbergen sie ihr Wissen vor dem gegnerischen Team, weil es andernfalls ihrem Interesse zu gewinnen widerspräche.

Natürlich gibt es in der Politik nicht immer ein gemeinsames Interesse. Es gibt nicht immer den einen »Volkswillen«, sondern wir sind in einem ständigen Diskurs zwischen verschiedenen Interessen, die teilweise widersprüchlich sind und trotzdem alle vertreten sein wollen. Wie soll uns Transparenz da helfen können?

Nun, unser erstes gemeinsames Interesse besteht darin, genau diesen Diskurs unter fairen Regeln aufrechtzuerhalten. Das ist ein Projekt, dem alle Parteien sich verpflichtet haben. Hier ist also gemeinsames Interesse gegeben. Außerdem haben wir zumeist verschiedene Ziele – und Ansichten, wie wir diese Ziele erreichen. Aber als Staat stehen wir oft vor Problemen, die alle betreffen und die gelöst werden müssen. Und bei der Lösung gemeinsamer Probleme – besonders wenn die Handelnden unterschiedliche Auffassungen von der »richtigen Lösung« haben – hat Nachvollziehbarkeit gleich drei Funktionen:

1. Fehler entdecken, die entstehen könnten.
2. Verhindern von Korruption und verdeckter Einflussnahme.
3. Beteiligung an politischen Prozessen ermöglichen.

Erstens wollen wir nicht, dass eine gute Idee durch Fehler ruiniert wird. Zweitens wollen wir nicht, dass eine schlechtere[3] Idee Vorzug bekommt, weil hinter ihr heimliche Machtstrukturen stehen, und drittens wollen wir, dass jemand, der eine bessere Idee hat, auch gehört wird.

---

3 »Schlechtere« bedeutet in diesem Zusammenhang, dass die ganze Bevölkerung hinterher da steht und sich fragt, wer sich diesen Mist ausgedacht hat, während zwei oder drei Leute ihre Interessen erfüllt finden.

Es müssen sich also nicht immer alle einig sein. Solange das geteilte Ziel von Politik darin liegt, bestimmte Probleme zu lösen, befördert Transparenz diesen Prozess.

Der Teil mit der Vermeidung von Korruption oder versteckter Machtstrukturen dient außerdem dem Vertrauen der Menschen in ihre Repräsentanten. Einblick in die Nebentätigkeiten von Mandatsträgern und ihre Treffen mit Interessengruppen wird mehr für das Ansehen der Politik tun als alle Kleidungsvorschriften dieser Republik. Wenn Lobbyverbände komplette Gesetzesentwürfe vorlegen, was für Politiker natürlich bequem ist, dann haben wir als Bürger ein Recht darauf, zu wissen, aus welcher Feder dieser Entwurf stammt. Ich wünsche mir klare Regelungen nicht, weil ich Politiker gängeln will oder sie für schlechte Menschen halte, im Gegenteil. Eindeutige Erwartungen und Grenzen können ihnen die Arbeit erleichtern. Wir können Menschen in Machtpositionen Orientierung und Entlastung geben. Politiker navigieren sich oft durch einen Alltag voller Ansprüche und Erwartungen. Sie müssen Entscheidungen in Gebieten treffen, die sie nicht hundertprozentig durchblicken. Vollständige Kompetenz in allen Gebieten ist unmöglich. Hier stehen ihnen freundliche Experten zur Verfügung, die aber selbst wirtschaftliche Interessen an bestimmten Entscheidungen haben können. Eine vernünftige Nachvollziehbarkeit erleichtert die Orientierung. Klare Regeln helfen auch den politisch Handelnden, für sich gut und richtig zu arbeiten.

Kehren wir einen Moment zu unserem fiktionalen Dorf und unserem Bauern Otto zurück. Eine Regel, die es Otto verbietet, seine Familie beim Bau der Brücke zu beschäftigen, ist im Rahmen des Dorfes sicherlich schwierig, Otto ist der Bruder des größten Steinmetzen der Gegend. Unser Dorf wird die Regeln anpassen müssen. Eine offene Ausschreibung der öffentlichen Aufträge würde viele Probleme beseitigen, die den Unmut der Bewohner in unserem kleinen Beispiel erregt haben. Öffentliche Ausschreibungspflicht ist bereits Teil unseres ganz realen Regelwerks. Die Verträge hingegen werden oft nicht veröffentlicht und sind teilweise nicht einmal allen Parlamentariern zugänglich. Es ist Menschen aber nicht zu vermitteln, dass der Staat, dessen Teil sie ja sind und für dessen Handeln sie finanziell aufkommen müssen, geheime Verträge schließt. Wie sollen wir die Verantwortlichen einschätzen, wenn wir nicht wissen, was sie tun? Natürlich gibt es immer wieder gute Gründe für die Vertraulichkeit von Informationen, wenn ihre Veröffentlichung Schaden anrichten würde oder private Daten geschützt werden müssen. Bei den meisten Verträgen zwischen Wirtschaft und öffentlicher Hand ist das aber nicht der Fall. Öffentliche Verträge sind eine Maßnahme, die das Vertrauen in das politische System wieder erhöhen kann.

Gleiches gilt für die Veröffentlichung von Haushalten, Statistiken, Plänen und fertigen Gesetzesentwürfen. Das sind alles objektive Zahlen und Fakten, die in einem transparenten Staat standardmäßig durchsuchbar und einsehbar wären. Denn es sind Daten, die jeden angehen. Gesetzesentwürfe müssen vor Beschluss schon einsehbar sein, um politische Prozesse zu bewerten und um zu verhindern, dass gravierende, unbemerkte Fehler entstehen. Außerdem wurde der Vorschlag gemacht, Fraktions- und Ausschusssitzungen aufzuzeichnen oder zu streamen, womit die Piratenpartei experimentiert.

Bei all dem gibt es ein Problem. Nehmen wir an, ich bin ein ganz einfacher Mensch, der abends müde von der Arbeit kommt. Ich möchte mich ja gern politisch informieren. Aber dafür den gesamten Bundeshaushalt lesen? Vier Stunden Ausschusssitzung anschauen? Bin ich bescheuert? Was ich brauche, sind aufbereitete Informationen, die in einen Kontext gesetzt sind. Ich brauche Zusammenfassungen, ich brauche gefilterte Infos, durch die ich das Interessanteste mitbekomme. Aber wer filtert? Parlamentarier und Verwaltung argumentieren sehr gern mit der Informationsflut und bestehen darauf, ihre ausgehenden Informationen selbst vorzufiltern. Als Service, versteht sich. Das Problem ist, dass sie damit selbst bestimmen, welche Informationen geheim bleiben. Das macht sie zu Torwächtern, die sie nicht sein sollten. Den Filter müssen mehrere Stellen übernehmen können, die voneinander unabhängig sind. Prädestiniert für diese Aufgabe sind Journalisten, die Sachkenntnis haben und Rohdaten auf Interessantes durchsuchen können. Im Prinzip ist es genau das, was passiert, wenn ein Journalist von einer Veranstaltung berichtet.

Bestenfalls gibt es zwei Ebenen von Transparenz. Die erste Ebene ist eine wilde, unsortierte Ebene. Hier sind alle verfügbaren Daten zu finden. Das sind Video- und Audioaufzeichnungen, Haushalte, Verträge, alles im Original (mit geschwärzten personenbezogenen Daten). Wichtig auf dieser Ebene ist, dass sie irgendwie durchsuchbar sind. Wenn ich mich zum Beispiel für die Romanfigur Pierre Besuchow interessiere und mehr über ihn erfahren will, und jemand legt mir das Buch »Krieg und Frieden« auf den Tisch, kann ich damit fast nichts anfangen. Bekomme ich den Roman aber digital, kann ich nach Pierre suchen und alle Stellen lesen, an denen er vorkommt. Ich kann eine Zusammenfassung schreiben, die dann für jeden zur Verfügung steht, den der Charakter auch interessiert. Es sei denn, derjenige will meine Vorarbeit hinterfragen. Dann kann derjenige den Roman einfach selbst durchsuchen. Genauso funktioniert das mit Haushaltszahlen, mit Vertragsbedingungen und so ziemlich allem.

Die zweite Ebene der Transparenz besteht aus diesen Zusammenfassungen. Das sind die Nachrichten, es sind Artikel, es sind auch Broschüren und Seiten, die Fraktionen und Parteien selbst herausgeben. Für die zweite Ebene der Transparenz ist es nicht mehr so wichtig, dass lückenlos alle Informationen da sind. Dafür ist die erste Ebene da. Auf der sortierten Ebene entsteht Transparenz dadurch, dass Sachverhalte nachvollziehbar sind, je besser sie in Kontext eingebettet und je einfacher sie zu finden sind. Politische Information muss den Menschen finden, nicht umgekehrt.

Auf der ersten Ebene sind alle vorhandenen Daten:

- öffentlich
- auffindbar
- durchsuchbar
- zeitnah vorhanden
- kostenlos
- frei kopierbar
- frei verwendbar

Auf der zweiten Ebene sind Sachverhalte:

- umfassend aufgearbeitet
- ohne verfälschende Auslassungen
- übersichtlich
- sehr leicht auffindbar
- in Kontext gebettet
- mit Verweisen auf die erste Ebene ausgestattet

Eine weitere Frage, die bei der Offenlegung von politischer Arbeit gestellt werden muss, ist die nach dem Zeitpunkt. Um Einfluss auf Geschehnisse nehmen zu können und Fehler früh zu vermeiden, muss Information möglichst früh geteilt werden. Im Optimalfall direkt, wenn sie entsteht. Nehmen wir zum Beispiel das Bauprojekt Stuttgart 21, das zu großen Protesten in der Bevölkerung geführt hat. Der Protest gegen den Umbau eines Bahnhofs stieß deutschlandweit eine Diskussion über Bürgerbeteiligung an. Im Kern stand unter anderem die Kritik, dass das Vorhaben viel zu spät erst breit kommuniziert wurde. Zwar war das Projekt seit längerem bekannt, aber nicht medienwirksam verbreitet und erklärt worden. Das führte 2010 zu großen Demonstrationen und schließlich zu einer Volksabstimmung über das Projekt. Hier war es nicht gelungen, so mit den Bürgern zu kommunizieren, dass sie gleich informiert gewesen wären und ihre Kritik hätten einbringen können. Das hätte dem Land Verlust von Vertrauen, Zeit und Geld erspart.

Wenn man etwas vorhat und es kommuniziert, ehe Tatsachen geschaffen werden, die nur schwer wieder zu ändern sind, dann ist das prospektive, also vorausschauende,

Transparenz. Ihr entgegen steht die retrospektive Transparenz, die über Sachverhalte aufklärt, die schon geschehen sind. Das klingt erst mal schlechter, kann aber auch sehr nützlich sein. Nehmen wir mal an, eine Fraktion der Piratenpartei möchte in der Kommunalpolitik die Schließung einer Schule verhindern. Die Fraktion der Grünen sagt, dass sie sich ebenfalls gegen die Schließung dieser Schule einsetzen werde, aber nur wenn die Piraten einige Forderungen nach Subventionierung bestimmter Vereine zurücknehmen. Das ist ein klassischer Kompromiss. Die Mitglieder der Fraktion müssen sich vorher einigen, wie groß die Streichungen maximal sein dürfen, damit sie dem Kompromiss noch zustimmen. Das könnten sie natürlich öffentlich machen. Zum Beispiel einigen sie sich: »Okay, wir verhandeln mit den Grünen. Wir verzichten auf maximal 5000 Euro Fördermittel, sonst lehnen wir ab.« Wenn das direkt gestreamt wird, wären die Grünen schön blöd, weniger als 5000 Euro Streichung zu verlangen. Wird die Besprechung aber bis zum Ende der Verhandlung geheim gehalten, dann kann möglicherweise mehr Förderung der besagten Vereine rausgeschlagen werden und damit handelt man natürlich mehr im Interesse der eigenen Wähler. Später, nach Abschluss der Verhandlung, kann man dann die Protokolle oder Aufzeichnungen der Einigung veröffentlichen und damit Nachvollziehbarkeit herstellen.

Die Maximalforderung an Transparenz ist also Partizipation, die Minimalforderung ist Nachvollziehbarkeit. Grenzen findet Nachvollziehbarkeit zum Beispiel dort, wo Datenschutz ihr entgegensteht. Das gilt zum Beispiel für die Veröffentlichung von Namen oder anderen Daten nicht gewählter Personen. Es gilt aber auch für die Veröffentlichung von privaten, nicht die Politik beeinflussenden Daten gewählter Personen. Nebeneinkünfte von Politikern sind insofern nicht privat, als dass sie Abhängigkeit von Interessenvertretern aufdecken können. Ich möchte einfach wissen, wenn der Umweltminister hohe Rednerhonorare von bestimmten Stromkonzernen bekommt.

An ihre Grenzen stößt Transparenz auch dort, wo ein sogenanntes legitimes Staatsinteresse vorliegt, wo also Veröffentlichung bestimmter Daten den Bürgern eines Staates schaden würde. Ein sehr einfaches Beispiel dafür sind die Verteidigungspläne im Falle eines Krieges. Wenn solche Pläne öffentlich sind, sind sie nutzlos.

Obwohl die Nachvollziehbarkeit der Politik nicht uneingeschränkt sein kann, gilt es, hier ein radikales Umdenken zu vollziehen. Zurzeit werden bestimmte Daten veröffentlicht, oder man muss sie als Bürger gegen eine Bearbeitungsgebühr erfragen. Noch ist die Frage: »Was müssen wir veröffentlichen?« Ich möchte, dass die Frage andersrum gestellt wird, nämlich: »Was müssen wir unbedingt geheim halten?« Damit liegt die Beweisschuld bei jenen, die argumentieren, dass es sich um sensible Daten handelt. Die können so weiterhin geschützt werden, während alles andere offenliegt.

Mitbestimmung wird ja immer skeptisch gesehen, wenn man sich ansieht, was Bürger so verlangen. Sie schimpfen gleichzeitig darüber, dass es zu wenig Kindergartenplätze gibt, und darüber, dass die Steuern zu hoch sind. Man unterstellt, dass Menschen es nicht hinbekommen, Kausalität hinter politischem Handeln zu verstehen. In Wirklichkeit glaube ich, dass dies einem Mangel an praktischer Transparenz geschuldet ist. Ich will als Beispiel mal im Bereich der Haushalte bleiben. Bund, Länder und Gemeinden in Deutschland sind alle stark verschuldet. Das muss erst einmal nicht schlecht sein. Wenn es der Wirtschaft gerade schlechtgeht, könnte es falsch sein, wenn die öffentlichen Haushalte ihre Ausgaben stark senken würden, denn das könnte eine Krise noch verschlimmern. Auch können sich Investitionen lohnen, für die auch ein Unternehmen ja einen Kredit aufnehmen würde, weil der Nutzen für die Menschen die Kosten überwiegt, aber gerade nicht genug Geld vorhanden ist. Momentan erlauben wir es allerdings, dass Ausgaben, die jetzt eine Regierung gut dastehen lassen, erst in der Zukunft von allen durch hohe Steuern bezahlt werden müssen. Das ist für die Verantwortlichen eine große Versuchung. Wenn Regierungen viel Geld ausgeben wollen, kann das gut sein. Ich würde mir wünschen, dass mehr Geld in Bildung und neue Energieformen investiert wird oder dass Pflegekräfte besser bezahlt werden. Aber es erscheint mir ehrlicher und sinnvoller, wenn wir zu den Ausgaben, die wir als Staat tätigen, auch deutlich machen, was wir dafür für Einnahmen, also Steuern brauchen. Dann können wir auch besser beurteilen, was uns diese Investitionen wert sind und auf was wir lieber verzichten wollen. Wenn ein Land für seine Ausgaben auch gleichzeitig die Steuern auftreiben muss, ist die Bewertung direkter und klarer, als wenn wir über Kreditzahlungen und Zinsen dafür bezahlen müssen. Politiker, die uns bestimmte Leistungen versprechen, müssen dann auch die Belastungen, die wir dadurch tragen müssen, vertreten. Wenn wir mit höheren Steuern für diese Leistungen zahlen, dann können wir uns überlegen, wie diese gerecht verteilt werden sollen. Wenn wir stattdessen Schulden machen, dann leiht sich der Staat das Geld von denen, die welches haben, und in der Zukunft zahlen wir es ihnen mit Zinsen zurück. Von Staatsschulden profitieren also einige Leute, während andere die Kredite abzahlen müssen, auch wenn die Leistungen vielleicht noch vor ihrer Geburt erbracht wurden. Vielleicht kommen wir durch bessere Abgaberegeln einer gerechteren und ehrlichen Politik näher. Vor allem aber ist der Zusammenhang zwischen Geldausgaben und -einnahmen auch eine praktische Form der Transparenz, durch die wir auch das Verständnis von Menschen erhöhen, was politische Forderungen betrifft.

Menschen in der Politik

Abläufe und Mechanismen in der Politik können mehr oder weniger optimal gestaltet sein. Bei all dem dürfen wir aber nicht außer Acht lassen, dass Politik immer noch von Menschen gemacht wird. Und das bleibt auf absehbare Zeit auch so. Wenn wir aber darüber sprechen, wie das politische System fairer, durchlässiger, transparenter wird, verlieren wir oft aus dem Blick, dass es Menschen sind, die das System formen und mit ihrem politischen Handeln ausfüllen. Damit wir ein System ändern können, müssen sich also auch die Menschen ändern.

Nun ist es sehr schwer, Menschen generell zu ändern. Darum ist es keine Lösung, einfach zu sagen, wie Leute sein sollen. Trotzdem gab es im Laufe der Geschichte Veränderungen des gesellschaftlichen Umgangs miteinander. Die waren zurückzuführen auf technische, ökonomische und sonstige Umstände, aber auch auf Entwicklungen des gesellschaftlichen Diskurses, auf Veränderungen der Erziehungskultur und vieles mehr. Eine der Tatsachen, über die man immer wieder stolpert, wenn man in der Psychologie lernt, wie Menschen funktionieren, ist diese: Alles interagiert mit allem. Man glaubt, dass Gesellschaft so etwas wie Ursache und Wirkung hat. In Wirklichkeit ist sie nur ein großer, unsortierter Haufen von wirren, ineinandergreifenden Wechselwirkungen. Und das ist natürlich nicht schön, denn es lässt sich schwer auf einfache Thesen und Forderungen herunterbrechen. Aber eins ist klar: Will man die Gesellschaft verändern, muss man an diversen Punkten gleichzeitig ansetzen.

Aktive Politiker

Der offene Politiker

Ich hatte ja bereits erwähnt, dass es für mich eine wichtige Rolle spielte, dass ich nach meiner Wahl in den Parteivorstand keinen politischen Twitter-Account angelegt habe. Dabei wäre es naheliegend gewesen. Ich hätte einen Account, über den ich mich weiter mit Freunden austauschen könnte, über den ich meckern könnte und Fragen stellen wie: »Soll ich jetzt weiter arbeiten oder bei dem Wetter an den See fahren?« Dann bräuchte ich politisch interessierte Follower damit nicht zu behelligen. Die hingegen könnte ich mit heißen News aus der Partei versorgen, darüber das übliche Parteisprech absondern, hier ein Seitenhieb gegen die CDU, da eine Ankündigung. Es ist völlig normal, dass Menschen – insbesondere exponierte – mehrere Accounts haben. Ich müsste lügen, wenn ich sagen würde, dass hinter meiner Entscheidung eine total kluge Überlegung stand. Ich habe zu diesem Zeitpunkt einfach ganz grob unterschätzt, was mir Monate später an Aufmerksamkeit entgegenschlagen würde. Aber es hat doch zu etwas Gutem geführt.

So wenig, wie ich meine Tweets trennte, trennte ich auch meine Persönlichkeit in einen Politiker und eine …

Person. Ich war einfach ich. Mit Politik und Kunst und Psychologie und Quatsch und Sauce. Es gab damit in meinem Leben keinen sterilen politischen Raum. Und das hielt mich davon ab, in Rollenmuster zu verfallen. Und das hätte schnell passieren können. Wenn man mal eine Woche in Berlin ist und mit verschiedenen Personen aus Abgeordnetenhaus und Talkshows und mit Kamerateams zu tun hatte, gewöhnt man sich zum Beispiel sehr leicht an, etwas vorsichtiger und korrekter zu reden. Manche scheinen im politischen Alltag ihre Authentizität und Natürlichkeit, den Ausdruck ihrer individuellen Persönlichkeit zu verlieren. Ich begann, weniger Alltagsschimpfwörter zu verwenden. Natürlich wird ein Politiker nicht dadurch authentischer, dass er hin und wieder »scheiße« sagt. Aber wenn er öffentlich nie so spricht, wie Menschen eben sprechen, ist das durchaus ein Symptom dafür, was sonst noch passiert. Unechte und übervorsichtige Sprache bedeutet: Ich fühle mich beobachtet und ich möchte nicht anecken. Bei vielen Politikern entwickelt sich eine Idee davon, welche Worte und welches Auftreten in Ordnung sind und welches nicht. Kleine Veränderungen schleichen sich ein. Man trägt jetzt lieber mal nicht die rosa Haarspange, denn die wirkt kindlich, und da ich ja dreißig Jahre jünger bin als die anderen Talkshowgäste, muss ich mir einen Dutt machen, um ernster genommen zu werden. All diese Veränderungen stehen gegen die Art von offenem und ehrlichem Diskurs, den ich gern hätte, und sie gehen zurück auf die Anpassung an eine Rolle. Die Rolle des Politikers. Der leichteste Weg, Klischees zu vermeiden, liegt darin, die Rolle einfach nicht zu spielen. Zumindest nicht auf strategische Weise, also als Mittel zum Zweck, um bestimmte Wirkungen oder Ziele zu erreichen. Ob es in Anbetracht verschiedener Rollen, die wir gesellschaftlich spielen, so etwas wie hundertprozentige Authentizität gibt, ist hier nebensächlich. Wichtig ist, aus welcher Motivation heraus ein bestimmtes Verhalten an den Tag gelegt wird.

Es geht also darum, das Konzept von politischer Aktivität umzudenken. Die Kernthese dieser Idee ist:

Ich bin ein Mensch, der zu dieser Gesellschaft gehört und diese Gesellschaft beeinflussen will. Ich gehe dafür in eine Partei, wo ich einen Teil meiner Zeit mit politischer Arbeit verbringe. Doch ich verheimliche dabei nicht den Menschen, der ich die ganze Zeit über bin.

Die Idee entstand total schwammig und spontan. Ich wollte einfach im Fernsehen weniger Stereotypen und mehr Menschen mit seltsamen Marotten sehen, die vielleicht sogar widersprüchliche Signale senden oder einfach mal vor sich hinsingen. Aus dieser etwas kindlichen Idee wurde mehr.

Es war zur Zeit der Affäre um Bundespräsident Wulff. In der Debatte ging es zuerst wochenlang um einen zu günstigen Kredit, den er bekommen hatte. Doch sehr schnell verschob sich der Fokus. Es ging mehr und mehr um seinen Umgang damit, um die Geständnisse, die er widerwillig und scheibchenweise machte. Es war der Winter der Salami. Die Ehrlichkeit und Vertrauenswürdigkeit der Politik wurde insgesamt zur Debatte gestellt. Immerhin hatte das Staatsoberhaupt selbst sie in Misskredit gebracht. Und die Debatte war wichtig. Denn letztlich ging es auch um sinkende Wahlbeteiligung, Frustration über das System und die potenzielle Bedrohung durch populistische Kräfte. Es ist wichtig, dass Menschen an die glauben, die sie repräsentieren sollen. Denn sonst wird Politik in einer Scheinrealität gemacht, während die eigentliche Realität vor sich hindümpelt. Hinzu kommt noch, dass es generell gut für den Betrieb ist, Fehler früh zu erkennen und zu beheben. Es war also ein sehr wichtiges Thema.

Aber warum sind Politiker eigentlich so schlecht darin, Fehler einzugestehen? Das ist relativ einfach. Politiker, das sind die Menschen, auf die wir uns verlassen. Die können das. Die sitzen oben in der Schaltzentrale und werden dafür bezahlt, dass sie die Verantwortung tragen. Wenn sie also einen Fehler machen, werden wir wütend. Richtig wütend. Dann stürmen wir und schreiben böse Briefe, E-Mails und Zeitungsartikel, dann machen wir uns über sie lustig und setzen sie in unschmeichelhaften Posen auf die Cover unserer Magazine.

Das alles muss, wohlgemerkt, nicht unbedingt falsch sein. Wir schreien laut, weil wir das Gefühl haben, nicht gehört zu werden. Denn die sitzen – so empfinden wir es – irgendwo in dieser Zauberwelt »da oben« und sind vor uns »hier unten« ohnehin geschützt. Das Problem ist natürlich, dass sie das durchaus nicht sind. Sie sind Menschen, die Gefühle haben und die verletzt sein können. Dann reagieren sie oft wütend oder unbeherrscht oder mit einem unüberlegten Vorstoß. Doch wir sehen davon wenig. Denn irgendwann hat der Politiker so viel Angst vor der Bestrafung und öffentlicher Bloßstellung, dass er nie, nie, nie zugeben würde, ein normaler Mensch zu sein, der Fehler macht. Nein, ich bin ruhig, meine Krawatte sitzt, meine Nase ist gepudert, ich rede sachlich. Das Jackett ist extra noch mal gebügelt worden. Gott bewahre, man hätte eine Falte im Jackett, während man doch das Volk vertritt. Der Politiker versucht, keine Angriffsfläche zu bieten. Und damit wird er der perfekte Mensch. Ihr kompetenter Berater. Er strahlt morgens schon, er kennt Zahlen auswendig, er macht keine Fehler. Das ist, was wir im Fernsehen sehen. Daran orientieren sich unsere Erwartungen. Wird also doch mal ein Fehler gemacht, ist der Sturm der Entrüstung umso heftiger. »Wie konnte dieser Idiot das so versemmeln? Alle seine Vorgänger haben es richtig gemacht!« Nein, haben sie nicht. Sie haben es nur besser kaschiert.

Ich kann gar nicht sagen, wie oft ich mit dem Satz konfrontiert wurde: »Das darfst du nicht machen, damit bietest du Angriffsfläche.« Nicht von irgendwelchen Etablierten. Von meinen eigenen Parteifreunden. Von meinen engen Freunden. Von meinem Verlobten. Aber ich wollte nicht »keine Angriffsfläche bieten«. Ich wollte nicht im Krieg sein. Ich wollte Mensch sein und mitgestalten. Also setzte ich mich mit der größtmöglichen Naivität, die ich aufbringen konnte, darüber hinweg.

Aber zum offenen Politiker gehörte für mich nie die Preisgabe meines gesamten Privatlebens. So ist das Konzept oft missverstanden worden, und mit dem Begriff der Transparenz gleichgesetzt worden. Aber darum geht es nicht und das verlange ich von niemandem. Es geht eher darum, nicht jede Aussage komplett seiner politischen Rolle unterzuordnen. Man kann den offenen Politiker leicht mimen, indem man sich beim Gassigehen mit dem Hund von einem Kamerateam begleiten lässt. Der echte offene Politiker unterscheidet sich aber durch drei Kriterien, die zufälligerweise alle werbewirksam mit A beginnen:

1. Authentizität: Rede, wie du es für richtig hältst. Sei respektvoll, aber verstecke deine Emotionen nicht. Wenn mal ein Fluch rausrutscht – nicht schlimm. Ein Mensch ist ein Mensch und sollte nicht vorgeben, etwas anderes zu sein.
2. Aufklärung: Es gibt Informationen, die nicht direkt inhaltlich politisch sind, aber trotzdem Relevanz für die politische Wirklichkeit haben. Zum Beispiel gehört dazu, wie der Alltag eines Parlamentariers aussieht. Es ist gut und wichtig zu sagen, wenn man viel zu viele Drucksachen hat, die man einfach nicht alle sorgfältig lesen kann. Oder sich darüber zu ärgern, dass sie so unpraktisch aufbereitet sind. Die Probleme der repräsentativen Institutionen gehen alle etwas an. Twitter als Begleiter in der Tasche kann hier eine Menge reißen.
3. Ansprechbarkeit: Der offene Politiker kommuniziert in beide Richtungen, er hört also auch zu. Damit meine ich jetzt nicht, dass er alle seine Anfragen unbedingt selbst lesen und beantworten muss. Die Praxis zeigt, dass das nicht möglich ist. Wir entwickeln aber ständig interessante Systeme, wie Many-to-one-Kommunikation funktionieren kann. Damit können wir erreichen, dass andere Menschen in der Lage sind, häufig auftau-

chende Kritik hörbar zu formulieren. Der Politiker muss sie bloß auch annehmen.

Es ist verdammt anstrengend, sich so zu verhalten. Das sage ich inzwischen aus Erfahrung. Ich habe im Mai 2011 mit einer Maximalforderung an mich selbst begonnen und musste sie jetzt auf ein praktisches Maß herunterbrechen. Das nennt man dann wohl Erkenntnisgewinn. Ich wurde oft gefragt, ob das Experiment meiner Meinung nach gestorben ist. Es ist nicht gestorben. Es ist erwachsen geworden, lebt aber.

Weil meine politische Karriere mit einem riesigen Haufen Überforderung begann und mit einer Rolle, die ich so nicht ausfüllen konnte, wollte ich von Anfang an Mechanismen etablieren, die mich schützen. Der erste war, die Erwartungen an mich nicht eskalieren zu lassen. Klarzumachen, dass ich eine junge Studentin bin, die das mit der Politik vorher nie gemacht hatte. Dass ich gern arbeite, aber auch Hilfe benötigen werde. Ich stellte mich also auf hundertprozentige Kommunikation ein. Jeder konnte mich jederzeit erreichen.

Zum ersten Mal ernst wurde es nur wenige Tage nach der Wahl, als wegen eines Problems mit LiquidFeedback mitten in der Nacht mein Handy klingelte und ich gemeinsam mit einem anderen Bundesvorstand schnelle Entscheidungen treffen musste, die erstmals Konsequenzen haben würden. Aber ich publizierte selber auch jeden Gedankenansatz, den ich hatte, um sofort Feedback darauf zu bekommen. Das klingt stressig, aber erstaunlicherweise ging es ein halbes Jahr lang echt gut. Vor allem änderte sich der Ton der Kritik. Wo andere Bundesvorstände sehr hart und ungerecht angegangen wurden, sprach man mit mir zumeist recht sachlich, auch wenn ich offenkundig Mist gebaut hatte. Offenbar hatten meine Kritiker das Gefühl, von mir gehört zu werden, auch ohne mich anbrüllen zu müssen.

Ich versuchte, auch in den Reihen der Vorstände Werbung für das Vorgehen zu machen. »Haut einfach alles raus, was ihr gerade plant. Egal, wie unfertig es ist. Gerade der Input, der dann kommt, ist ja besonders wertvoll.«

»Das können wir nicht machen«, ist dann die häufigste Erwiderung: »Wenn ich jetzt was Unfertiges publiziere und da ist ein Denkfehler drin, dann werde ich zerpflückt. Das wird schon im Kern zerredet.«

»Ich weiß nicht«, erwidere ich dann. »Mein Meinungsfindungskonzept war noch lang nicht fertig und das wurde nicht zerredet. Man hat mich halt drauf hingewiesen, wo Schwächen waren. Aber ziemlich nett eigentlich.«

»Ja, du bist ja auch eine Frau.«

Ach ja. Die Frauen-Sache. Da muss ich auch noch mal ein Kapitelchen zu schreiben. Erinnern Sie mich daran.

Mich machte daran so fusselig, dass dieses Phänomen natürlich nichts damit zu tun hat, dass ich eine Frau bin. Auch Frauen bekommen bei uns regelmäßig eins auf den Deckel. Ich glaube fest daran, dass es daran lag, dass niemand von mir erwartet hat, dass ich irgendwas im Hinterzimmer austüftelte, was dann perfekt präsentiert wird. Man war es gewohnt, dass ich viel publiziere und entsprechend manchmal auch unreifen Stuss. Gewöhnung und Erwartung werden in der Kommunikation häufig unterschätzt.

Ich sagte ja schon, dass es nur das erste halbe Jahr so toll geklappt hat, allen zuzuhören und allen zu antworten. Irgendwann im Oktober gelangte ich unversehens in die Öffentlichkeit und die Medien. Das ist eine ganz neue Herausforderung, was Offenheit betrifft. Ich habe es bloß am Anfang nicht so wahrgenommen. Prozesse funktionieren oft ganz anders, wenn es um nichts geht. Kommt man aber plötzlich in die tatsächliche, große Politik, spielen neue Faktoren eine Rolle, die einem vorher nebensächlich erschienen. Zum Beispiel das Geschlecht.

Frauen in der Politik

Ich dachte nie, dass ich dieses Kapitel hier schreiben würde. Mein Leben lang habe ich mich für eine Person gehalten, die mit Feminismus nichts am Hut hat. Ich habe mich sogar sehr geärgert über Feministinnen. Feminismus (oder besser: was davon bei mir ankam) vermittelte mir ein Bild humorloser und verbissener Frauen, die sich am besten als Männer verkleiden. Wer »man« schreibt oder traditionelle Umgangsformen mag, macht sich ohnehin verdächtig. Diese Feministinnen haben dafür gesorgt, dass junge Männer mir nicht mehr die Tür aufhalten oder wenigstens furchtbar unsicher werden, wenn sie mir den Stuhl zurechtrücken. Das waren alles Gründe, warum ich mich naiv und scherzhaft als Antifeministin bezeichnete. Ich mochte es nun mal, mich klassisch weiblich zu kleiden und zu gebärden. Und ich mochte keine Leute, die mir das anscheinend verbieten wollten.

Innerhalb der Piratenpartei war es für mich zunächst ein Gerücht, dass Frauen es in der Politik irgendwie schwer haben sollten. Es war sogar gefühlt leichter für mich, gewählt zu werden, als wenn ich ein Mann gewesen wäre. Ich habe sogar bei meiner Kandidatenvorstellung darum gebeten, nicht nur deshalb gewählt zu werden, weil ich eine Frau bin. Oberflächlich hat meine Generation anscheinend so etwas wie eine Quote schon im Kopf. Ich lebte in einer diskriminierungsfreien Welt und verstand nicht, warum man so einen Aufriss um die Rechte von Frauen machen sollte. Doch schon bald nachdem ich im Oktober 2011 den geschützten Bereich meiner eigenen Partei verließ und in die Öffentlichkeit trat, änderte sich alles. Es schlug mir wie eine Keule entgegen. Ich bin eine Frau in der Politik.

Als ich mich nach zwei Monaten im Licht der großen Politik und der medialen Öffentlichkeit am stummsten fühlte, schrieb ich Folgendes in meinem Blog:

> Zwischen meiner Wahl zur politischen Geschäftsführerin der Piratenpartei Deutschland am 15. März 2011 und dem 5. Oktober 2011 wollte mich niemand vor seiner Kamera sehen. Mehrfach hat Sebastian Nerz mich als Ersatz für sich für Interviews oder Talkshows angeboten, wenn er keine Zeit hatte. Es war aber immer so, dass man dann lieber ganz auf das Interview verzichtet hat. Warum wollte mich niemand sehen? Einige Journalisten hatten mir gesteckt, dass es daran läge, dass ich eine Frau bin und man lieber »den typischen Piraten« zeigen wolle; und der sei nun mal männlich.

Auch bei der Bundespressekonferenz am 5. Oktober wollte mich niemand haben. Das heißt, unsere Partei wollte mich schon dabei haben. Der stellvertretende Pressesprecher und Sebastian Nerz haben sich dafür eingesetzt, dass ich neben Sebastian und Andreas Baum als Dritte dort sitzen und für die Partei sprechen kann.

Nach diesem Auftritt ging es rund mit diversen Interviewanfragen, Porträts, Einladungen, Podiumsdiskussionen etc. Spätestens seit dem letzten Bundesparteitag kommen immer häufiger Artikel mit mir, in denen hochtrabende Worte wie »neuer Star«, »Hoffnung«, »Lichtgestalt« oder »die schöne Piratin« verwendet werden.

Eigentlich könnte man sich ja mal freuen. Erstens, welches kleine Mädchen hat nicht davon geträumt? Zweitens, wenn ich schon so viel interviewt und gefragt werde, dann kann ich ja ganz viele Ideen der Piraten erzählen, dann kann ich endlich Deutschland von meinen und unseren politischen Positionen überzeugen. Ich kann endlich vermitteln, dass Investitionen in Bildung für die Wirtschaft unumgänglich sind, auch wenn sie sich erst nach mehr als einer Legislaturperiode lohnen. Ich kann endlich sagen, dass transparent und demokratisch entwickelte Entscheidungen zwar langsamer fallen, dafür aber auch viel nachhaltiger sind. Ich kann endlich erklären, was liquide Demokratie ist und warum uns das Internet so viele neue Chancen zu einer besseren Gesellschaft bietet. Aber denkste.

Seien wir ehrlich. Meine Medienpräsenz besteht zu 80 % aus Fotos, Kommentaren über meine Frisur, meine Kleidung, meine Hobbys, meine Art. Hach, wie hübsch und hach, wie erfrischend, heißt es da immer. Ja, ich bin für die Öffentlichkeit gerade eine angenehme Gestalt – jung, engagiert, weiblich. Aber wofür ich engagiert bin, warum ich in meinem Alter eine unentgeltliche 60-Stunden-Woche arbeite, was für eine Idee es ist, hinter der wir stehen, danach fragt man bestenfalls oberflächlich.

Ach ja, nach einer Sache werde ich natürlich schon immer gefragt: Warum sind in der Piratenpartei eigentlich so wenig Frauen?

Jeder fragt mich das. In jedem Interview. Nur mich, nicht meine männlichen Kollegen.

Warum in der Piratenpartei so wenige Frauen sind? Weil in der Politik so wenige Frauen sind! Und noch weniger in Ämtern. Warum? Weil die Zeitungen über sie nur berichten, was sie anhaben, oder Heldenstorys mit ihnen machen, wie sie sich als Frau durchschlagen. Weil sie erst auf politischer Linie total versagen müssen, ehe man anfängt, über das Inhaltliche zu sprechen. Weil sie unweiblich sein müssen, weil man sonst über ihre Frisuren spricht. Deshalb!

Ich habe nicht an Sexismus geglaubt. Aber das hier ist er.

Natürlich ist das nicht nur ein Sexismusproblem. Nein, es ist ein Auflagenproblem. Medien sind Konsumgüter und befinden sich im Wettbewerb. Was sich am besten verkauft, wird gedruckt oder gesendet. Ja, ja, das verstehe ich, und deshalb mache ich euch nicht mal persönlich einen Vorwurf, liebe Journalisten. Aber war es wirklich das, warum ihr Journalisten werden wolltet? Damals? Um bei einer neu aufkommenden politischen Bewegung, die überraschend viel Zulauf erfährt, über den Lippenstift der politischen Geschäftsführerin zu schreiben? Und nein, ehe hilfreiche Hinweise kommen: Ich werde mich nicht unauffälliger kleiden oder mir die Haare kurz schneiden oder mich nicht mehr schminken. Mich zu verbiegen, oder als Mann zu verkleiden, kann nicht die Antwort sein.

Wenn ich schon so im Vordergrund stehe, hätte ich mir auch gewünscht, tatsächlich ein paar Worte sagen zu können. Nein, ich möchte keine Parteiwerbung machen, darum geht es mir nicht. Es geht darum, zu erklären, was im Moment möglicherweise falsch läuft. Ideen zu geben, was wir besser machen könnten. Chancen zu zeigen. Und es ist mir egal, wenn die Presse das dann kritisch kommentiert. Mir ist ein guter kritischer Artikel viel lieber als zehn himmelhochlobende Artikel darüber, »wie schön diese Piratin ist«. Im Moment fühle ich mich wie eine Stumme, während alles über mich spricht. Mich gruselt der Gedanke am meisten, dass es natürlich nicht nur mir so geht, sondern vermutlich jeder medienwirksamen Gestalt. Das macht man sich nicht klar. Und diese Entwicklung ist nicht erfreulich. Ich wünschte, die Presse hätte die Möglichkeit, sich ein bisschen aus diesem Wettbewerbsding zu lösen, und würde sich auf ihre eigentliche Aufgabe besinnen – die Menschen aufzuklären, den Menschen Wissen zu bringen.

Es ist bemerkenswert, wie viel Beachtung dieser ältere Artikel fand. Ich bin noch immer dankbar für jeden Leser und jeden Journalisten, der ihn sich zu Herzen genommen und verbreitet hat. Nach diesem Artikel trat um mich herum eine gravierende Veränderung ein. Ich wurde viel zu politischen Inhalten gefragt, ich wurde als die politische Geschäftsführerin wahrgenommen, die ich war. Das machte meinen Job natürlich anspruchsvoller, denn ich musste mich noch besser vorbereiten. Ich hatte kein Büro, keine Referenten. Trotzdem fühlte es sich gut an, ernst genommen zu werden.

Der Feminismus hat viel bewirkt, doch es bleibt noch immer eine Spur Ungerechtigkeit in der Gesellschaft zurück. Ich denke nicht, dass man darüber den Humor oder die Selbstironie verlieren darf. Ich bin nicht auf einen verbitterten Kreuzzug gegangen. Doch bei dem einen oder anderen Frauenwitz kann man schon mal anmerken, dass man nicht bloß über das Problem lacht, sondern es auch nährt.

Der Feminismus brach sturmflutartig in meine Partei hinein und änderte das Denken vieler, die darin aktiv waren. Nicht zuletzt mein Denken. Während ich mich am Anfang meiner Tätigkeit neutral zu Frauenquoten in der Wirtschaft und ablehnend gegen Frauenquoten in Parteien verhielt, ist diese Haltung bei mir mit der Zeit ins Schwimmen gekommen.

Es sind nicht nur Frauen, die ich in Vorständen und in der Politik vermisse. Es sind insgesamt Personen mit Eigenschaften, die klassischerweise mit weiblicher Erziehung assoziiert werden. Ich sprach von Plattformneutralität. Angewendet auf die Frauenfrage bedeutet Plattformneutralität, dass bei der Möglichkeit und der Bewertung von Handlungen das Geschlecht keine Rolle spielt. Dieses Ideal ist zurzeit leider eine Utopie und es wird auch noch lange Zeit Utopie bleiben. Aber wie mit jeder Utopie müssen wir versuchen, uns im Handeln an ihr zu orientieren. Was wir brauchen, sind im Moment viele, viele Frauen, die in den Vorständen, in der Öffentlichkeit stehen, zeigen, was sie können, und so auf verschiedene Weise Vorbilder für andere liefern.

Das Scheißegal-Gen

Ich starre auf einen blinkenden Cursor. Es ist früher Nachmittag. Ich habe eine Kleinigkeit gegessen und mich vor den Computer gesetzt. Ich muss ein Buch schreiben. Aber irgendwie möchte ich das nicht. Was ist passiert?

Ich habe mir gestern die Haare rot gefärbt. Aus einer Laune heraus. Und weil alle meine Freunde und meine Familie fragten, wie es aussieht, habe ich ein Foto davon auf Facebook gestellt. Das darf man doch, dachte ich. Wie sonst soll ich mich unkompliziert mit Freunden und Verwandten in Israel, Russland, Ukraine, USA, Mexiko austauschen? Ich stellte also einfach ein neutrales Webcam-Foto ein. Und dann die Kommentare.

»Mal wieder muss Marina sich profilieren.«

»Russische Maskenjüdin sucht sich einen Ehemann. Wollte heute schon wer kotzen?«

»Also eine Nacht mit der, dann überlege ich mir meine Wahlentscheidung noch einmal … Ich steh halt auf Frischfleisch.«

»Eure Witzpartei ist dem Untergang geweiht. Euch können echt nur Schwachmaten wählen.«

Mir zieht sich der Magen zusammen. Nicht, weil jeder einzelne Kommentar so verletzend wäre. Es ist eher das Gesamtbild. Vor kurzem habe ich mich mit einem, wie ich finde, ausgewogenen und nachdenklichen Beitrag zur Beschneidungsdebatte nach außen gewagt und darauf liebenswürdige E-Mails bekommen, die mir anboten, eine Beschneidung an mir mit einem rostigen Messer durchführen zu lassen. Da hatte ich ja mit solchen Reaktionen gerechnet, was schon traurig genug ist. Aber das war jetzt ein harmloses Foto. In letzter Zeit scheinen die Menschen total am Rad zu drehen. Ob im Internet, im Zug oder am Infostand. Für jeden Gedanken, den ich äußere, wate ich durch einen zähen Sumpf aus Beschimpfungen und Unterstellungen. Kein Tweet, egal in welche Richtung, bleibt ungestraft. Twitter ist wie ein Tagebuch, das dich anmault, wenn irgendjemandem in der Welt nicht passt, was du hineingeschrieben hast.

Stolz auf sich selbst wird als Arroganz ausgelegt, Bescheidenheit als falsche Bescheidenheit. Unpolitische Kommentare werden abgestraft, weil das ja »nun wirklich keinen interessiert«, politische Kommentare sind »hohle Phrasen«. Bei jeder Mehrdeutigkeit nehmen Leser grundsätzlich die schlechteste Variante an. Das ist das Problem. Man geht vom Schlechtesten im Menschen aus.

Und jetzt schreibe ich dieses Buch. Ein Buch darüber, wie Menschen in der Lage sind, kluge Entscheidungen zu treffen. Wie man offen sein sollte. Wie man Schwächen zeigen sollte. Wie man Menschen vertrauen sollte. Denselben Menschen, die ihre Messer wetzen, weil ich überhaupt ein Buch schreibe. Weil es ihnen nicht genug ist, dass ich im Vertrag mit dem Verlag das Recht auf Privatkopie erkämpft habe, das heutzutage normalerweise durch Kopierschutz umgangen wird. Also das, was ich selbst auch immer gefordert hatte. Doch das wird nicht nachgefragt. Es wird unterstellt.

Ich habe keine Lust, diese leere Seite mit Gedanken über Vertrauen zu füllen. Ich habe Lust, etwas ganz anderes zu schreiben.

»Der offene Politiker ist deshalb so wichtig, weil … Nein, wisst ihr was? Der offene Politiker hat keine Chance, er wird fertiggemacht. Wenn es ihm nicht scheißegal ist, was ihr von ihm haltet, wird er fertiggemacht. Von euch. Also schaffen es nur Leute an die Spitze, denen ihr egal seid. Und darüber wundert ihr euch dann. Eine bessere Demokratie ist nicht möglich. Wegen euch. Ihr habt nichts Besseres verdient. Sorry. Viel Glück beim nächsten Mal.«

Ich hämmere das in die Tasten und trinke einen Baileys. Ich schaue auf die Uhr. 14:30. Die Katze springt mir auf den Schoß und ich überlege, dass ich viel lieber zuhause bleibe und mich um Katzen und Familie und Freunde kümmere, als da draußen, im Epizentrum der Ellbogengesellschaft, gegen Windmühlen zu kämpfen und dafür auch noch auf Schritt und Tritt angemault zu werden.

Es gibt sie immer wieder, diese Momente der Schwäche. Und dann bekomme ich einen Tweet, dass die Piratenfraktion NRW eine grafische Übersicht des Haushaltsplans erstellt hat, wo alle Einnahmen und Ausgaben auf einen Blick ersichtlich sind. Und ich freue mich und denke mir: »Ja! Genau das! Das brauchen wir! Dafür habe ich mir die letzten Jahre gegeben!« Die Momente der Schwäche gehen wieder vorbei. Aber irgendwo im Hinterkopf bleibt eine leise Stimme zurück: »Für wen mache ich das eigentlich? Wollt ihr das überhaupt? Oder bilde ich mir nur ein, dass ihr irgendwas verändern wollt?«

Bei allen Prozessoptimierungsideen und kreativen Gestaltungsansätzen des Systems Demokratie vergessen wir manchmal, dass Politik eben doch ein Kampf unterschiedlicher Interessen ist. Das ist eines der Klischees, an die ich zunächst nicht geglaubt hatte, von denen ich mich aber überzeugen konnte. Innerhalb der gewählten Gremien wird gekämpft. Koalition gegen Opposition zum Beispiel – Auseinandersetzungen, die manchmal mit völlig absurden Mitteln geführt werden. In der Öffentlichkeit ist es ein Kampf. Wer auch immer seine Nase in »die Öffentlichkeit« steckt, begibt sich auf eine Seite, in einen Sturm aus Feindseligkeiten. Es ist ein Kampf zwischen den Parteien, es ist ein Kampf innerhalb der Parteien, es ist eine unübersichtliche Anzahl an Auseinandersetzungen, die zwischen einzelnen Personen geführt werden. Und während der Streit zwischen Ideen und Wertvorstellungen beabsichtigt und gut ist, liegt das Problem darin, dass der Streit hier oft allzu persönlich, destruktiv, ja kindisch ist. Ich spreche hier von Menschen, die teilweise genau die gleichen Ansichten vertreten, aber trotzdem nicht zusammenarbeiten wollen. Die Judäische Volksfront gegen die Volksfront von Judäa. Die Mittel des Kampfes reichen dabei von der bloßen Verweigerung der Zusammenarbeit oder Anerkennung bis hin zu Mobbing und Erpressung. Es ist ein strategischer Kampf mit den klaren Regeln des Rechtsstaats. Und doch fordert er Opfer und strotzt nur so vor Irrationalität. Dieser Kampf wird nicht über Wahlen oder Abstimmungen geführt. Er findet im politischen Hintergrund statt. In den Telefonaten, die Journalisten, Lobbyisten und Politiker miteinander führen. Beim Frühstück im Café. Abends beim Bier. Über Gerüchte, über Meldungen, über Rücktrittsforderungen und Auszählungen der »Truppenstärke« im Parlament.

Nehmen wir noch hinzu, wie feindselig die Öffentlichkeit mit ihren Entscheidungsträgern umgeht, und wir erhalten ein Klima, in dem das reine Überleben für normale Menschen schwierig wird.

Und hier kommen die Leute und sagen: »Naja, so ist Politik halt. Da muss man durch. Da muss man sich halt ein dickes Fell zulegen. Du brauchst halt das Scheißegal-Gen. Einfach ignorieren.«

»Wenn es dir in der Küche zu heiß ist, sollst du nicht Koch werden«, sagt man. Wenn sich jemand von ein paar

Hassbriefen und Intrigen aus der Bahn werfen lässt, hat er eben nichts in der Politik verloren. Das Essen schmeckt nicht? Kein Wunder. In unserer Küche haben wir jede Menge Leute, die sehr hitzebeständig sind. Wir haben sie danach ausgewählt. Und nicht etwa danach, ob sie kochen können.

Wie viele inhaltlich hochfähige potenzielle Politiker haben wir wohl, die sich bewusst gegen die Politik entscheiden – nicht aus Überzeugung, sondern aus bloßer Angst? Weil sie ohne das Scheißegal-Gen geboren wurden? Wie viele fähige Politiker werden irgendwo auf dem Weg aufgerieben? Und was ist eigentlich mit denen, die bleiben? Obwohl man selten darüber spricht, gilt Alkoholismus als Politikerkrankheit.

Wir haben als Gesellschaft jetzt zwei Möglichkeiten. Entweder wir akzeptieren das, zucken bedauernd mit den Schultern und wenden uns interessanteren Themen zu – oder wir führen eine Debatte darüber, was es heißt, wenn zentrale Entscheidungsträger einem auf Dauer zerstörerischen Druck ausgesetzt sind, den nur jene aushalten, an denen genug abperlt. Denn üblicherweise perlt ja nicht nur Schlechtes ab, sondern auch Ideen von außen, Initiativen und Bedürfnisse.

Die Frage ist, wie wir mehr Menschen ermöglichen, aktiv an der Politik teilzuhaben, die nicht über die für den parlamentarischen Betrieb erforderlichen Charaktereigenschaften verfügen, anderweitige Verpflichtungen haben oder sich schlicht nicht trauen.

Da die Strukturen innerhalb der Parlamente wehrhaft gegen Veränderungen sind, sollten wir zunächst über außerparlamentarische, aber natürlich demokratisch und rechtsstaatlich legitimierte Partizipation nachdenken. Wir wollen die Schwelle für Beteiligung senken und jedem eine Chance geben. Das Parlament ist im Moment sinnvoll und notwendig. Die Männer und Frauen, die dort sind, verdienen meine tiefe Anerkennung und Achtung vor ihrer Leistung, auch wenn ich politisch nicht mit allen einverstanden bin. Sie halten viel aus. Diese Parlamentarier können gleichzeitig eine Brücke für eine neue Art von Politikern bilden. Und hier sind wir wieder bei liquider Demokratie.

Wie ich im Kapitel über dynamische Systeme beschrieben habe, sollten wir Systeme wie LiquidFeedback an Abgeordnete anbinden. Das Votum des Systems sollte nicht zwangsläufig verpflichtend, aber ausschlaggebend für die Abgeordneten sein. Im Liquid-System können wiederum Menschen Politik machen, die inhaltlich fit sind, sich aber aus anderen Gründen gegen den Weg des Berufspolitikers entschieden haben. Weil sie einem anderen Beruf nachgehen und diesen nicht riskieren möchten. Oder weil sie Wert auf Zeit mit ihrer Familie legen. Oder weil sie sich nicht bereit fühlen für Unwegsamkeiten der Arbeit im Parlament.

Wenn sie inhaltlich gute Politik machen, sammeln sie in einer liquiden Demokratie viele Stimmen und haben großen – aber transparenten – Einfluss auf das Abstimmungsverhalten der Abgeordneten. Sie können also Politiker sein, ohne ihr gesamtes Leben darauf umstellen zu müssen. Ich könnte zum Beispiel meine Stimme im Bereich der Bildungspolitik an einen politisch engagierten Lehrer delegieren, der mit mehreren hundert Stimmen entsprechenden Einfluss auf seine Abgeordneten ausüben könnte. Obwohl die Abgeordneten sich im Zweifelsfall anders entscheiden könnten, werden sie im Normalfall der Mehrheit folgen. Damit hat jener Lehrer, solange er gute Arbeit macht, einen gewissen Einfluss, ohne seinen Beruf aufgeben zu müssen. Damit senken wir die Schwelle zur Gestaltung und verwischen weiter die Grenze zwischen aktiven und passiven Politikern. Ich finde es wichtig, dass fähige Menschen nicht durch unpolitische Umstände von Politik abgehalten werden. Die Lösung über die Anbindung durch liquide Demokratie ist für mich eine Art Zwischenstufe. In der Ferne habe ich die Vorstellung einer Gesellschaft, in der es kein »Scheißegal-Gen« braucht, um Politik zu machen. In der der Einfluss auf eine Gesellschaft nicht von Herkunft, Geschlecht oder bloßer Zähigkeit abhängt.

Um diese Gesellschaft zu erreichen, müssen wir aber vornehmlich nicht bei den aktiven Politikern oder im demokratischen System etwas verändern. Sondern im Denken der gesamten Bevölkerung. Einer Bevölkerung, die im Moment hohe, aber unerfüllbare Ansprüche hat. Einer Bevölkerung, die selbst stellenweise wenig Rücksicht nimmt. Einer Bevölkerung, die sich den perfekten Politiker wünscht – und ihn eben damit immer weiter in die Ferne rücken lässt.

Passive Politiker

Service wird in Deutschland ganz groß geschrieben. Der Kunde ist König. Wenn ich in ein Restaurant gehe und in meiner Suppe schwimmt ein Haar, muss der Kellner schon ganz schön schwitzen. Ich weise ihn, wenn ich höflich bin, freundlich darauf hin und er kümmert sich darum, dass ich schnell einen neuen Teller frische Suppe bekomme. Service wünschen sich schon Kinder von ihren Eltern. Sie haben einen Anspruch darauf, eine Schultüte und Weihnachtsgeschenke zu bekommen. Sie bestellen Weihnachtsgeschenke und sind wütend, wenn die Bestellliste nicht eingehalten wurde.

Vermehrt finden wir den Servicegedanken auch in der Politik. Wenn jemand ein Amt inne hat, dann können wir etwas von ihm erwarten. »Diese Bürgermeisterin hat immer noch keinen Tunnel durch den Berg gebaut! Wir warten jetzt schon fünf Jahre!« Dass die Einwohner am Fuß des Berges gegen den Tunnel protestieren, weil alle zwar schnellere Verbindungsstraßen haben wollen, aber bloß nicht vor der eigenen Haustür, das spielt keine Rolle. Sie ist schließlich Bürgermeisterin. Sie muss sich doch was einfallen lassen. Sowieso machen die da oben alles falsch!

Das Problem dieser Erwartungshaltung ist aber, dass von Erwartungen allein auch nichts besser wird.

Also, nachdem ich mir bisher für dieses Buch die Finger blutig getippt habe, was wir alles tun können, um Bürgerbeteiligung zu verbessern, muss ich mir jetzt Sie vorknöpfen. Und mit »Ihnen« meine ich jeden und jede, die nicht im engeren Sinne aktiv in der Politik ist, sondern passiv. Es handelt sich hier immer noch um Politiker, passive Politiker, in dem Sinne, dass wir alle gemeinsam an unserer Gesellschaft arbeiten. Egal, ob wir diese Verantwortung wahrnehmen oder nicht. Denn natürlich hat jeder Einwohner einen massiven Einfluss auf die Politik seines Landes. Sei es als Wähler, als Leserbriefschreiber, als Konsument, als Feedbackquelle oder eben als schweigende Masse. Jeder hat Einfluss, Sie also auch, ob Sie wollen oder nicht. Und da Sie das haben, wird auch von Ihnen etwas gefordert.

Sehen wir uns an, welchen Einfluss jeder Mensch auf die Politik hat. Die meisten von uns zahlen Steuern. Wir geben dieses Geld an unsere Kommunal-, Landes- und Bundesverwaltung. Aus diesem Geld werden Politiker bezahlt. Dafür, dass sie »gute Politik« machen. Sie tragen Anzüge und sehen kompetent aus, und auch das ist Teil dessen, wofür wir sie bezahlen. Sie sollen uns Vertrauen geben. Und sie sollen Lösungen liefern. Sollte irgendwann eine dieser anzugtragenden Lösungsmaschinen einen Fehler machen, bleibt uns vor Wut die Spucke im Hals stecken. Da sollen doch schließlich die Kompetentesten der Kompetenten sitzen! Also fordern wir sofortigen Rücktritt, wir schreiben wütende Briefe und wir kaufen Zeitungen, in denen große, lange, wütende Artikel über diesen Politiker stehen.

Fehler sind nicht akzeptabel. Also, bei Ihnen und mir natürlich schon. Wir haben ja kein Amt oder Mandat. Wir müssen nicht alles können, nicht perfekt sein. Aber die schon. Besagter Politiker tritt zurück. Freude! Die anderen sind plötzlich noch perfekter, noch anzugtragender. Sie bekommen Angst, auch nur den kleinsten Fehler zu offenbaren, denn dann bekommen sie ebenfalls den Hass der Nation ab. Also kehren sie ihre Fehler unter den Teppich. Dass daraus finanzieller und politischer Schaden entsteht, der oft viel zu spät auffällt, ist erst mal nicht wichtig. Denn wenn mal ein Problem aufkommt und man kann es nicht zu mir zurückverfolgen – wen kümmert's. Und wir, die Bevölkerung, gewöhnen uns immer mehr daran, dass Politiker keine Fehler machen. Weil es so eine schöne, beruhigende Vorstellung ist. Wir wollen geborgen sein. Wir wollen vertrauen.

Doch Vertrauen allein reicht nicht. Dafür ist die Aufgabe viel zu groß und viel zu schwer. Wenn das Schiff in den Sturm kommt, genügt es nicht, einen guten Kapitän zu haben, solange die Mannschaft rumliegt und sagt: »Ach ja, der Kapitän. Der bekommt alles hin.« Auch der beste Kapitän kann einen Dreimaster nicht allein steuern. (Man vergebe mir die nautischen Metaphern.) Dylan Moran hat dies als das größte Problem von US-Präsident Obama bezeichnet: »Wie haben wir uns alle gefreut, als er gewählt wurde. Endlich ein kluger Mann auf dem Posten. Aber sein Problem sind wir! Wir lieben ihn! Er steht da und sieht ganz überzeugend aus und sagt kluge Dinge und sagt: ›Die Lage ist schwer, wir müssen hier alle zusammenarbeiten …‹, und wir sagen: ›NEIN!! MACH DU ES!! DU BIST SUPERJESUS!‹«

Oft sind Zusammenhänge zu komplex, oder man verrennt sich in irgendwas. Da kann man als Politiker noch so fähig sein. Der einzige Ausweg ist, es zuzugeben und zurückzurudern. (Mir fallen wieder nur nautische Begriffe ein.) Jedenfalls muss man auch als Politiker seine Fehler zugeben können. Und die Atmosphäre dafür kann nur die Bevölkerung schaffen. Indem wir ausnahmsweise mal nicht mit Spott und Hohn und Schadenfreude oder Empörung reagieren, sondern mit Verständnis. Oder einfach mal die Klappe halten. Oder gar Ideen liefern. Das könnte man ja auch mal. In so einem Brief an einen Abgeordneten.

Es soll auch geschimpft werden. Wir leben in einem freien Land mit Redefreiheit und allem. Man sollte sich nur bewusst sein, dass das Geschimpfe dazu führt, dass noch mehr unter den Teppich gekehrt wird, und wir so immer höhere Erwartungen an Politiker haben. Ein Teufelskreis. Diesen Teufelskreis muss man an zwei Stellen gleichzeitig durchbrechen, darum ist es ja so schwierig. Einerseits müssen politisch aktive Personen offener werden. Andererseits müssen aber auch wir, die nicht Gewählten, offener und toleranter werden. Konstruktiver. Und ja, das ist viel verlangt. Aber es ist auch ein aufbauender Gedanke. Anstatt uns immer nur zu ärgern, was alles schiefläuft, weil »die da oben« nichts tun, können wir darüber nachdenken, was eigentlich jeder Einzelne von uns tun kann.

Jedes Mal, wenn wir schreiben: »Politikerin XY ist eine miese Dreckschlampe«, tut ihr das weh. So einfach. Nein, sie ist nicht automatisch zu weit weg, um es zu hören. Und wenn doch, hat sie sich möglicherweise nur abgeschottet, um genau solchen Kommentaren zu entgehen. Das Rezept hier ist also total einfach: Schreiben Sie so etwas nicht.

Ich fühle mich etwas doof, dass ich auf solche Dinge hinweisen muss. Aber ich glaube, es ist nötig. Auf jeden Fall wird es der erste Schritt zu einer vernünftigen Kommunikation zwischen Politiker und Wähler. Sie ärgern sich aber nun mal und wollen Ihrem Ärger auch Luft machen, denn das ist ein freies Land und außerdem wollen Sie niemandem in den Arsch kriechen? Gut. Dann kritisieren Sie, aber tun Sie es konstruktiv. »XY ist eine Dreckschlampe« und »XY soll bitte das nächste Mal ihre Pläne frühzeitiger kommunizieren« sind sehr verschiedene Aussagen, die zu sehr verschiedenen Ergebnissen kommen werden.

Ich habe mit vielen Journalisten gesprochen, die richtig verstört waren von den Kommentaren unter ihren Artikeln. »Das interessiert doch keine Sau!«, steht unter fast jedem mindestens einmal drunter. Und das ist noch einer der netteren Kommentare. Also lesen Journalisten die Kommentare unter ihren Artikeln mit der Zeit nicht mehr. Also werden sie auch nichts an ihrer Arbeit verbessern. So einfach ist der Mechanismus. Wenn es Sie nicht interessiert – dann lesen Sie doch den Artikel einfach nicht. Lassen Sie Platz für Menschen, die den Artikel interessant fanden, aber nach mehr Hintergründen fragen. Dann haben die Kommentare auch wieder einen Sinn. Gleiches gilt in der Politik. Ja, Politiker bekommen durchaus mit, wie über sie gesprochen wird. Und ja, wenn man sich schon die Mühe macht, halbwegs konstruktiv zu sein, dann kann man auch erwarten, ernster genommen zu werden. Dann können wir uns guten Gewissens hinstellen und sagen: Warum lässt meine Stadt mir eigentlich so wenig Möglichkeiten, mit zu entscheiden, wofür sie mein Steuergeld verwendet?

Gute Kinderstube ist also tatsächlich sehr sinnvoll, auch in der großen Politik. Klingt vielleicht doof, ist aber so. Um wie Erwachsene behandelt zu werden, sollten wir uns auch wie welche benehmen. Und wir sollten jedem Paroli bieten, der andere beleidigt und fertigmacht. Ob das Opfer ein Schulkind auf dem Pausenhof ist, ein Mitarbeiter im Büro oder die Bundeskanzlerin. Alle haben das Recht darauf, anständig behandelt zu werden.

Außerdem stellt eine zeitgemäße Demokratie natürlich auch ganz neue Anforderungen an jeden darin lebenden Menschen. Das Grundprinzip der vernetzten Demokratie ist, dass jeder mehr Verantwortung für sich selbst trägt. Dann muss der Staat weniger Verantwortung für alle tragen. Das bedeutet mehr Freiheit und weniger Bevormundung. Es bedeutet aber auch, dass wir Abschied nehmen müssen von einer reinen Konsumentenhaltung. Das ist anstrengend, auch für mich. Aber es lohnt sich. Doch was sind die Voraussetzungen dafür, dass Menschen so eine moderne Demokratie auch nutzen können?

Populismus wirkt. Ich bemerke es immer wieder. Im Stuttgarter Bürgermeisterwahlkampf lächeln mich Männer von Plakaten an. »Einer für Stuttgart«, steht da. Ein Spruch ungefähr so bedeutungsschwanger wie »Gut für Deutschland«. Es müssen einfache Botschaften sein. Freundliche Gesichter, hochgekrempelte Ärmel, Kinder auf dem Arm. Es ist traurig, aber es funktioniert. Wahlprogramme sprechen von Freiheit. Freiheit wovon? Freiheit zu was? Und am wichtigsten, Freiheit für wen? Das ist selten definiert.

»Das Problem bei euch Piraten ist, dass ihr euch nicht klar in der Öffentlichkeit äußert. Ihr lasst jeden vor die Kamera und am Ende ist man total verwirrt«, sagt mein Mitbewohner mir irgendwann beim Frühstück. Ich widerspreche: »Zu unseren Positionen sagen wir ja alle dasselbe. Da, wo wir offene Debatten haben, benennen wir sie auch als Debatte. Die sollten ja stattfinden in einer Demokratie. Wir können doch nicht allen den Mund verbieten. Wenn man verbindliche Aussagen will, ist es eh am besten, das Wahlprogramm zu lesen.« »Ich lese ehrlich gesagt Wahlprogramme nicht. Ich richte mich eher nach den Plakaten und dem, was man so hört.« Er studiert. Er hätte Zeit und Gelegenheit, sich zu informieren. Aber Politik belastet eben. Es ist alles so kompliziert, dass es sich gar nicht erst lohnt, sich einzuarbeiten. Dabei fördert schon die oberflächlichste Auseinandersetzung mit den politischen Sachverhalten viele Vereinfachungen zutage, die uns täglich aufgetischt werden. So viele »Lügen für Kinder« – wie Terry Pratchett sie nannte.

Wir erklären Kindern die Welt so, dass sie sich ein Bild machen können. So genau müssen Kinder es nicht wissen, denn wir entscheiden ohnehin für sie. Gefährlich wird es aber, wenn jemand anfängt, Entscheidungen für eigentlich mündige Erwachsene zu treffen und sie zu Zwecken des eigenen Machterhalts zu entmündigen. Dies geschieht ständig, wenn auch nicht aus böser Absicht. Es ist ganz einfach. Redet man mit Erwachsenen wie mit Kindern, dann werden sie irgendwie auch wie Kinder denken. Sie nehmen Information unreflektierter hin und stimmen implizit ihrer eigenen Entmündigung zu. Wahlplakate zeigen sehr gut, wie leicht wir auf einfache Botschaften eingehen, das eigentliche Problem findet aber woanders statt.

Bei den Anschlägen am 11. September 2001 war ich gerade dreizehn Jahre alt. Während vorher lange niemand über »die Christen« oder »den Islam« geredet hatte, sprach plötzlich alle Welt von »dem Islam« und »der westlichen Welt«. Meine Generation ist groß geworden mit dem Bild eines bärtigen, bedrohlichen Muslims mit erhobenem Zeigefinger. Und seitdem kann sich kein Mann mit dunklerer Haut in einen Zug setzen und seine Tasche auf den Schoß nehmen, ohne dass irgendein Mitreisender sich bei dem Gedanken erwischt, dass eine Bombe darin sein könnte. Wir sind mit einer diffusen Angst vor »Terror« aufgewachsen, den gleichzeitig niemand von uns wirklich erlebt hat. Mit dieser Angst ging aber eine weit gefährlichere Sache einher – das »Wir und sie«. Wir, die westliche Welt. Sie, die Terroristen. Sie, die Muslime. Und plötzlich waren wieder Vorurteile erlaubt, wie sie seit sechzig Jahren in

Bezug auf Juden mühsam bekämpft wurden. Man hat unsere Angst missbraucht, um eine ganze Reihe von Gesetzen zu verabschieden, die angeblich vor Terrorismus schützen sollten, in Wirklichkeit aber nur die Freiheit aller Bürger beschnitten. Erzeuge Angst, aus der Angst heraus stimmen Menschen den irrsinnigsten Einschnitten in ihr Leben und ihre Privatsphäre zu.

Es ist psychologisch völlig natürlich, zwischen Ingroup und Outgroup zu unterscheiden, also »wir und sie«. Und dennoch bringt es unsere Gesellschaft nicht weiter. Nicht, solange man Probleme auf eine Outgroup zurückführt, anstatt sie wirklich zu lösen. Nicht, solange man keinen Frieden hinbekommt, weil man »den Feind« dämonisiert. Und da wir Menschen eigentlich ganz gut darin sind, unsere natürlichen ersten Reflexe mit Hilfe unseres Verstandes zu überwinden, sollten wir in der Lage sein, den Mechanismus der Angst zu durchschauen und zu durchbrechen.

Warum schreibe ich das alles? Der gesamte Diskurs um Transparenz, liquide Demokratie und Offenheit der Politik geht von der Kernidee aus, dass Menschen den Mut haben sollten, sich ihres eigenen Verstandes zu bedienen. Jedes Mehr an Beteiligung birgt nicht nur riesige Chancen, sondern auch eine Gefahr. Nämlich die Gefahr des Populismus. Wenn Menschen sich von den oberflächlichsten Instinkten lenken lassen, wie beispielsweise Angst, treffen sie irrationale Entscheidungen. Deshalb habe ich irgendwann auf einer Pressekonferenz zur Eurokrise gesagt: »Nehmen Sie sich in Acht vor einfachen Antworten.« Wir kennen einfache Antworten. Arbeitslosigkeit? Daran sind die

Ausländer schuld. Nahostkonflikt? DIE haben angefangen. Wenn wir in unserer sehr komplexen Welt ein Problem haben, können wir mit großer Wahrscheinlichkeit davon ausgehen, dass die einfachste Lösung meistens keine wirkliche Lösung ist. Daran sollten wir immer denken.

Wenn wir mehr Demokratie fordern, dann vertrauen wir den Menschen. Und ich vertraue ihnen. Und zwar auch darin, populistische Forderungen als solche zu durchschauen. Menschen können das gut. Zumindest dann, wenn sie sich bilden – ein Leben lang.

Politische Bildung, die Medien und die Vernetzung des Wissens

Ich hatte ja schon erwähnt, dass ich das menschliche Gehirn ziemlich beachtenswert finde. Es baut Netzwerke, die sich ständig verändern, und diese Veränderung nennen wir dann Lernen. Wir passen uns der Welt an und wir sind begierig darauf, neues Wissen aufzunehmen. Und als Gesellschaft tun wir eigentlich dasselbe. Seit dem Mittelalter haben wir uns als Gesellschaft deutlich verändert, um es mal wertneutral zu formulieren. Einen großen Teil dazu hat die Aufklärung beigetragen. Schon die hielt große Stücke auf den menschlichen Verstand und Bildung.

Bildung ist natürlich nicht nur die Aneignung von Fakten. Wir lernen faktisches Wissen, aber wir lernen auch die Verwendung und Bewertung von Quellen faktischen Wissens (wie beispielsweise Medienkompetenz) und wir lernen, Wissen auf bestimmte Weise zu verarbeiten. Das

Vorhandensein und die Fähigkeit zum Umgang mit Wissen machen eine Person erst wirklich selbständig. Klar, wenn ich eine Sache bewerten kann, muss kein anderer sie für mich bewerten und mir von oben sagen, ob sie gut oder schlecht ist. Bildung ist also die Voraussetzung dafür, nicht fremdbestimmt zu sein. Und dies ist ein Kerngedanke der Piratenpartei. Je häufiger ich mit anderen Mitgliedern über unser Programm diskutiere, desto häufiger stelle ich fest, dass gute, unabhängige und umfassende Bildung eigentlich den Kern und die Voraussetzung für beinahe jeden unserer Programmpunkte bildet. Das bedingungslose Grundeinkommen wird nur zu gesteigerter Produktivität führen, wenn wir Menschen mit einer gewissen Grundkompetenz ausstatten, die sie dann nutzen *wollen*. Die Erschließung sämtlicher Möglichkeiten und Chancen von Online-Partizipation setzt Medienkompetenz im Umgang damit voraus. Bildung ist also sehr wichtig.

Im Kapitel über politische Systeme ging es viel um Transparenz. Aber Transparenz erfordert, dass Bürger überhaupt in der Lage sind, zu verstehen, worum zur Hölle es geht. Die offensten Politiker, die übersichtlichsten Daten, die klarsten Verhältnisse werden uns nichts bringen, wenn keiner die Information einordnen und ihre Konsequenzen verstehen kann. Wenn wir uns überhaupt über so etwas wie Transparenz und Mitbestimmung unterhalten wollen, müssen wir zuerst über Bildung sprechen. Aber woher bekommen wir eigentlich Informationen über Politik?

Nehmen wir mich mal als Versuchsperson. Meine erste politische Bildung fand, wie bei so vielen, natürlich in der

Schule statt. In Sozialwissenschaft sind wir damals die politischen Strukturen Deutschlands durchgegangen. Bundestag, Bundesrat, Bundesversammlung. Ich weiß noch, dass ich das meiste davon wenige Jahre nach dem Abitur wieder vergessen habe. Ich erinnere mich an bunte Organigramme dazu, wer Gesetze schreibt, wer über sie abstimmt, wer ihnen zustimmen muss. Falls ich es noch mal bräuchte, könnte ich es ja wieder nachschlagen, dachte ich. (Ich brauchte es noch mal.) Diese Informationen waren formal relevant, vermittelten mir aber gleichzeitig exakt null Einblick in den tatsächlichen politischen Betrieb.

Schon eher lieferten mir da die Massenmedien ein Bild. Dort erfuhr ich auch von den tagespolitischen Ereignissen, die überhaupt erst spezifische Fragen aufwerfen. Die großen Tageszeitungen, Zeitschriften und Nachrichtenmagazine im Fernsehen setzen die Themen und nehmen die erste Einordnung vor. De facto ist unsere Presse die wichtigste Institution politischer Erwachsenenbildung.

Ich bin gerade dabei, umständlich den Kleiderschrank auszurümpeln, als das Telefon klingelt. Es ist meine Großmutter. Meine Großmutter lebt in der Ukraine, sie spricht kein Wort Deutsch, verfolgt aber mit Enthusiasmus nicht nur meinen Twitter- und meinen Facebook-Account, sondern auch sämtliche Berichterstattung über mich. Ihre Stimme klingt besorgt.

»Marina, ist das wirklich wahr? Du bist zurückgetreten von deinem Amt wegen Tausender antisemitischer Hassmails? Ich habe das heute auf Echo Moskau gelesen! Das ist ja schrecklich! Ist das wirklich wahr?«

»Naajaaaa«, erwidere ich und klemme mir das Telefon unters Kinn, weil ich mich auf ein längeres Gespräch vorbereite. »Im Prinzip schon. Ich bin bloß nicht zurückgetreten. Ich habe nur nicht für eine zweite Amtszeit kandidiert. Und es waren auch nicht Tausende von Mails, sondern nur ungefähr acht. Und die hatten eigentlich auch nichts mit der Entscheidung zu tun.«

»Wie, das verstehe ich nicht. Aber das stand doch in der Zeitung?«, fragt die arme Frau verwirrt.

»Nee. In der Zeitung stand zuerst, dass ich nicht mehr vorhabe zu kandidieren. Das war im Februar. Aber seitdem haben die das schon wieder vergessen. Und irgendwie ist daraus ein Rücktritt geworden. Du weißt ja, wie das ist. Wenn bei uns ein Politiker niest, ist er vier Zeitungsartikel später todkrank. Und im fünften steht schon sein Nachfolger fest.«

»Ja, und die E-Mails?«, fragt sie, noch immer etwas ängstlich.

»Die kamen sowieso viel später und eigentlich sind die mir schnuppe. Ich wurde bloß mal von der Jüdischen Allgemeinen gefragt, ob ich Antisemitismus begegnet bin. Da hab ich dann drauf geantwortet. Und von da wurde es irgendwie zum Thema.«

»Und wie sind daraus Tausende geworden?«

»Das muss dann wohl auf der Strecke nach Russland passiert sein«, rate ich.

»Hm, vermutlich.«

Ich will gar nichts Schlechtes über die Presse sagen. Ganz im Gegenteil. Ich bin begeistert von der Freundlichkeit und Fairness der deutschen Journalisten. Gerade im internationalen Vergleich und auch nach einem Blick hinter die Kulissen kommt mir der deutsche Journalismus sehr sauber vor. Wir haben alles in allem eine gute, unabhängige Presse. Trotzdem sind Absurditäten allgegenwärtig. Wenn es mehr Berichte über die (fehlende) Unterwäsche von Stars gibt als über einen größeren Hungerstreik vor dem Brandenburger Tor zum Beispiel.[4]

Der Fehler liegt hier nicht bei den einzelnen Journalisten, sondern im System. Um etwas so Erstaunliches zu erzeugen wie eine freie Presse, braucht es schon ein komplexes Zusammenspiel aus Nachfrage, Wettbewerb und dynamischen Gruppenprozessen. Wie gesagt, unsere Presse ist nicht schlecht, aber verbesserungswürdig im Hinblick auf die Ziele, die wir uns als Gesellschaft setzen.

Die Nachrichten, die Talk- und Realityshows, das gmx-Portal, die Süddeutsche und diverse Hochglanzjournale sind zwar unsere Schule für Erwachsene. Im Gegensatz zu staatlichen Bildungsstätten gibt es hier allerdings keinen festgeschriebenen Lehrplan. Die freie Presse bestimmt ihre Inhalte selbst. Das ist gut so und, in Verbindung mit dem Wettbewerb unterschiedlicher Verlage und Sender, ein sehr wichtiges Merkmal eines freien Rechtsstaats. So wird Unabhängigkeit gewährleistet. Was letztlich thematisiert wird und was nicht, bestimmen verschiedene Fak-

---

4 Ich beziehe mich hier auf die Ereignisse um das Refugee Camp auf dem Pariser Platz Ende 2012, wo 14 Flüchtlinge mehr als eine Woche bei Minusgraden im Hungerstreik verbrachten, um auf Missstände in der Asylpolitik aufmerksam zu machen. Es hat eine Weile gebraucht, bis das Thema als relevant genug eingestuft wurde, um berichtet zu werden.

toren, die sich auch nach dem Selbstverständnis des Mediums richten. Manche Zeitschriften wollen unterhalten, manche Zeitungen wollen vor allem aufklären und informieren. Manche filtern stärker nach objektivierbaren Relevanzkriterien, manche nach anderen Gesichtspunkten. Eines haben beinahe alle Medien auf dem freien Markt gemeinsam: Sie erstellen den Inhalt hauptsächlich danach, ob er Sie, den Leser, interessiert. Ob es in Quoten, Klicks oder Auflagen gemessen wird, die Medienwelt ist durch und durch darauf abgestimmt, zu interessieren und zu gefallen. Und eigentlich wäre darin auch nichts Schlimmes. Ist doch gut, wenn man nicht gelangweilt wird, sondern das Spannendste mundgerecht vermittelt bekommt.

Aber stellen Sie sich mal für einen Moment eine Schule vor, die nach diesem Prinzip funktioniert. Die Lehrer sind ständig bemüht, herauszufinden, wofür sich die Schüler gerade interessieren, und liefern ihnen genau diese Inhalte. Im Musikunterricht werden nur Songs von Justin Bieber gesungen. In Englisch geht es nur um die amerikanischen Wahlen und die Lächerlichkeit der republikanischen Kandidaten. Im Geschichtsunterricht werden nur die besonderen Knüller behandelt. Die Französische Revolution, mit all den rollenden Köpfen. Die Kreuzzüge. Die Reformation oder die Aufklärung werden ausgelassen. So absurd diese Vorstellung erscheinen mag, es ist die Lebensrealität von Erwachsenen. Denn es ist zwar allgemein bekannt, dass der Mensch lernt, solange er lebt, praktische Konsequenzen haben wir daraus aber bisher nicht sonderlich viele gezogen.

Ich sprach einmal mit einer Journalistin einer Online-Zeitung über die Boulevardisierung in der Politik.

»Verstehen Sie«, sagte ich, »ich habe nichts gegen Boulevard. Von mir aus können sich Menschen gern für Ehen und Kinder von Stars interessieren. Ich verstehe nur nicht, warum man auch in der politischen Berichterstattung so viel Unnötiges über Personen auffahren muss.«

Sie nickte bedächtig und erzählte: »Die Kollegen von der BILD online schreiben ja immer gerne über das, was Merkel so isst. Und ich denke mir immer: ›Da interessiert sich doch kein Mensch für, ob Merkel bei ihrem Besuch in China jetzt Hackbraten oder Ente gegessen hat.‹ Aber wenn die Leute, die gar nichts mit Politik zu tun haben, auf die Überschrift klicken, erfahren sie immerhin, dass Merkel in China war und was sie da wollte. Auch wenn Unwichtiges im Fokus steht. Das ist doch schon mal was, oder? Unsere Aufgabe ist es ja auch, Politik zu den Menschen zu bringen, die sich nicht dafür interessieren. Es ist ein bisschen wie Kindern heimlich Gemüse unterzuschieben, indem man es in einen Teigmantel tut.«

Das klingt erst mal überzeugend. Mit den Mitteln eines freien Marktes wird Bildung an den Leser gebracht. Und doch birgt es ein großes Problem. Menschen werden wie Kleinkinder behandelt, Politik wie Gemüse. Wenn wir Leser von Online-Portalen einerseits nicht für voll nehmen, andererseits ihnen politische Macht in die Hand geben, indem wir Demokratie stärken, dann läuft da was falsch. Ich bin der Überzeugung, dass, wenn wir Erwachsene wie Erwachsene behandeln, sie sich wie Erwachsene verhalten werden. Wenn wir Menschen klarmachen können, wie viel von jedem Einzelnen abhängt, wird er für Information dankbar sein, die er zur Erfüllung der Aufgabe dringend braucht.

Je wichtiger Erwachsenenbildung wird – und sie wird immer wichtiger –, desto größer wird die Verantwortung einzelner Fernseh- und Radiosender, einzelner Zeitungen und Magazine, die bewusst in die Tiefe gehen und versuchen, politische Details realistisch darzustellen.

Doch solange die Medien diese Verantwortung nicht wahrnehmen oder nicht wahrnehmen können, steht die Frage im Raum, ob politische Erwachsenenbildung auch und zunehmend an anderer Stelle stattfinden muss.

Es gibt durchaus Alternativen. Es existieren unzählige Primärquellen im Netz. Und sie kommen in Mode. Der Vormarsch der vielen kleinen Blogs und der »Social Media« zeigt das. Wenn ich Positionen einer Partei kennenlernen will, kann ich ja immer auf ihrer eigenen Website gucken, wissenschaftliche Blogs bieten meistens gut fundierte Informationen mit Links direkt auf die Quellen, sogar Gerüchte über Promis kann man heute leicht durch einen Blick auf deren eigenen Twitter-Account prüfen. Das Problem ist nicht die mangelnde Verfügbarkeit der Quellen. Das Problem ist, dass das Internet die klassischen Medien in bestimmten Punkten nicht ersetzen kann und nie ersetzen wird. Denn der Nachteil Letzterer besteht zwar darin, dass man sein Programm nicht so leicht selbst zusammenstellen kann – aber ihr Vorteil besteht darin, dass man sein Programm nicht so leicht selbst zusammenstellen kann.

Auch das Internet baut Filter, indem es aktiven und auswählenden Konsum erfordert. Doch der Filter ist subjektiv. Ich schaue nach, was mich interessiert. Und die Wahrscheinlichkeit, dass ich dabei in ein neues Themenfeld vordringe, ist sehr gering. Wenn ich mich über Fischerei informiere, werde ich kaum durch Zufall erfahren, dass es Ausschreitungen in Syrien gibt und welche Hintergründe das hat. Solche Nachrichten bekomme ich zumeist aus Medien, die schon fertige Pakete geschnürt haben. Wie in der Schule eben.

Die neuen Medien sind eine großartige Ergänzung der alten. Sie werden aber kein Ersatz sein.

Aber wir haben in Deutschland viele Organisationen für politische Bildung. Die Bundeszentrale für politische Bildung, parteinahe Stiftungen, verschiedene Verbände und Bildungsträger bieten Seminare, Texte, Animationen und interaktive Lerneinheiten für Interessierte an. Das Problem hier ist, dass die Angebote relativ unbekannt sind und ohne gezielte Suche meist nicht gefunden werden. Dazu kommt, dass die meisten Organisationen nicht unbedingt das breite Publikum erreichen. Es gibt inzwischen sehr gute Ideen und Konzepte für Online-Angebote, die auch tatsächlich alle Möglichkeiten des Internets nutzen. Leider müssen sich diese Ideen innerhalb ihrer Organisation noch durchsetzen, denn Mittel werden bisher nach eher klassischen Kennzahlen verteilt, wie beispielsweise der Anzahl der Teilnehmer (was online natürlich schwieriger zu bestimmen ist).

Das Netz als Gesellschaftsstruktur wird uns in Zukunft erlauben, politische Bildung nicht nur unidirektional zu gestalten, sondern den Konsumenten gleichzeitig als Produzenten zu begreifen. Jeder kann eine Fragestellung beitragen. Jeder, der eine Antwort erarbeitet hat, liefert gleichzeitig Material für andere. In Zukunft wird es eine der Hauptaufgaben von Bildungsträgern sein, diesen Prozess anzuregen, zu moderieren und die Infrastruktur dafür zur Verfügung zu stellen. Aber wie kann die Vernetzung von Wissen funktionieren?

In Hamburg scheint es immer zu regnen. Zumindest, wenn ich da bin. Allerdings war ich noch nie länger als einige Stunden in der Stadt. Ich bin in einem Hotel untergebracht, das der Veranstalter bezahlt, bei dem ich morgen einen Auftritt habe. Ich schleppe meinen Koffer und meine Plastiktüte (Inhalt: ein Mantel und Ersatzschuhe) auf das Zimmer. Ich bin nervös. Was war morgen noch mal das Thema? Ach ja.

Ich rufe Rebekka an: »Hilf mir! Ich habe gerade keine Ahnung, wo ich Informationen zu Befugnissen und zum aktuellen Vorgehen der Polizei bei Online-Straftaten finde.«

»Okay, ganz ruhig. Weißt du was? Ich rufe mal die Servicegruppe Recherche an. Die hat sich neulich gegründet und die wollen in der Partei für genau solche Fälle zur Verfügung stehen.«

Ich warte also. Ich hasse diesen Moment der absoluten Ahnungslosigkeit. Über Demokratie kann man mich immer diskutieren lassen. Über Bildungspolitik auch. Risiken und Chancen des Internets. Kein Problem. Aber morgen könnte das Thema Richtung Datenschutz und Sicherheit einschlagen. Und da bin ich einfach nicht fit. Ich brauche jemanden, der mich mit Informationen versorgt – mit reinen Informationen. Was ich daraus mache, wie ich sie verarbeite, das liegt bei mir.

Nur wenige Minuten später klingelt mein Handy. Ich kenne die Frau am anderen Ende nicht, aber sie ist Piratin und ich bin ihr so dankbar, dass wir gleich ganz vertraulich sind.

»Hi, Marina, ich hoffe, es geht dir gut? Ich bin von der SG Recherche. Kannst du mir noch mal sagen, was genau du brauchst und bis wann?«

»Es ist für einen Auftritt morgen. Ich möchte wissen, was die Polizei zurzeit normalerweise tut, wenn zum Beispiel jemand wegen Beleidigung in einem Chat Anzeige erstattet. Und was sie tun darf. Ach ja, und was unsere Forderungen dahingehend sind. War das Quick Freeze, oder wollten wir was anderes?«

»Okay, kein Problem. Ich schicke dir in zwei Stunden ne Übersicht über alles, was wir gefunden haben, okay?«

»Vielen, vielen Dank, das wäre super. Ich hoffe, das macht euch keine Umstände. Ich fühle mich total doof dabei, die Forderungen meiner eigenen Partei recherchieren zu müssen.«

»Nö, wieso, ist eben so«, erwidert sie trocken. »Die Partei bekommt es ja auch nicht hin, so was mal irgendwo übersichtlich zu sammeln. Bei uns findet man zwar alles, aber nur wenn man weiß, wo man suchen muss. Wir müssten das mal besser vernetzen.«

»Ja, das müssten wir mal«, sage ich müde. »Vielen Dank dir.«

»Wir hören uns später.«

Zwei Stunden später habe ich drei Seiten ausführliche Aufstellung über Befugnisse und Grenzen der Polizei, verschiedene Forderungen verschiedener Parteien und Links zu Bewertungen von Datenschützern auf meinem Laptop. Ich betrachte das Dokument nachdenklich und frage mich, was weiter damit passieren wird. Ich werde es heute Nacht auswendig lernen und danach wird es auf ewig auf meiner Festplatte verrotten. Wir nutzen noch nicht annähernd die Möglichkeiten, die wir haben.

Zeit für hochtrabende Zitate. Heute bemühe ich Goethe. Der schrieb im Werther: *»Missverständnisse* und Trägheit machen vielleicht mehr Irrungen in der Welt als List und Bosheit«. Ich habe nun einige Zeit im politischen Betrieb verbracht, wo es sehr viele Dinge gibt, die wie List und Bosheit aussehen. Manche davon mögen es sogar tatsächlich sein. Doch letztlich hat Goethe recht, auch heute noch. Der erdrückende Großteil aller Fehlentscheidungen, aller Kleinkriege, aller großen und kleinen Katastrophen, ist auf unzureichende Kommunikation oder unzureichendes Wissen zurückzuführen. Vermutlich war das schon immer so. Und auch mit dem flächendeckendsten Internet und bei der größten Durchsuchbarkeit werden wir niemals perfekte Kommunikation ermöglichen. Sei es drum. Wir können aber alle Mittel nutzen, die uns zur Verfügung stehen, um die Lage zu verbessern.

Und wir haben Mittel! Wir können beliebige Mengen an Information ohne Zeitverlust oder Kosten unendlich oft kopierbar über unbegrenzte Distanzen versenden. Warum werden Vorlesungen an Universitäten gehalten, die nur von jenen gehört werden, die in den Saal passen? Weshalb werden kostenlose, offene Vorlesungen nicht auch gestreamt, damit man sie bequem von zuhause ansehen kann? Warum passiert das nicht mit öffentlichen Ratssitzungen? Warum arbeiten Lehrer immer noch weitestgehend auf sich allein gestellt immer bessere Unterrichtsmethoden aus, tauschen sich aber selten systematisch über ihre Arbeit aus? Warum bekommen wir nicht mehr Einblicke hinter die Kulissen von Fernsehproduktion, Stadtwerkebetrieben, von politischem Leben? Es geht in allen diesen Bereichen nicht darum, sensible Daten zu verbreiten oder jemanden zu überwachen. Es geht eher um nützliches Wissen, das jedem zugänglich sein könnte.

Natürlich wird sich nicht jeder für ein solches Angebot interessieren – aber einige, und die Aufgabe ist es, diesen einigen einen Einblick zu gewähren.

Die Zeit der Informationsökonomie ist vorbei. Wir haben die Kapazitäten dazu. Natürlich kann kein Mensch alles wissen. Aber heute könnten wir immerhin Zugang haben zu allen Informationen, wenn sie nicht gerade geheim sind, da sie Menschen schaden könnten.

Es erscheint auf Anhieb nicht vereinbar, dass ich die Bevölkerung einerseits möglichst breit bilden möchte, andererseits die vollständige Selbstbestimmung jedes Erwachsenen bezüglich des Lernens oder Nichtlernens fordere. Es ist aber kein Widerspruch. Selbst wenn wir jedem Informationen aufzwingen, echtes Lernen erfolgt nur durch intrinsische Motivation. Wie aber erreicht man letztlich das Interesse der Bevölkerung an Wissen über politische Prozesse und Inhalte?

Es ist illusorisch, davon auszugehen, dass das nur über die Vermarktung der Angebote funktioniert. Die Motivation, etwas zu lernen, muss von innen kommen. Und sie entsteht meistens aus Unzufriedenheit. Wir können Schülern das System des Bundestags erklären, so viel wir wollen. Wir können die Demokratie noch so sehr anpreisen. Sie werden den Unterricht gelangweilt absitzen und es vergessen. Aber wenn ein strenger Schuldirektor den Gebrauch von Mobiltelefonen auf dem Schulgelände verbietet, fangen die Schüler an, sich selbst zu organisieren, zu protestieren und nach ihren rechtlichen Möglichkeiten zu forschen. Demokratie wird nicht in der Theorie gelernt, sondern aus der direkten Erfahrung. Die beste Möglichkeit, Menschen zum Lernen zu animieren, besteht darin, ihnen zu zeigen, dass sie selbst etwas verändern können.

Ich habe also kaum eine andere Wahl, als Menschen selbst zu überlassen, was sie wissen wollen. Menschen sind das, was sie aus sich machen. Der Staat, Organisationen und politische Aktivisten sollen sich dafür einsetzen, die Möglichkeit der Bildung zu schaffen, das Wissen zur Verfügung zu stellen und Beteiligung zu ermöglichen. Die Fragen ergeben sich ganz von allein.

Das ist vermutlich mein Hauptanliegen. Ja, man kann die Leistungsfähigkeit von Demokratie mit großer Beteiligung anzweifeln, wenn man fünf Minuten mit dem durchschnittlichen Wähler spricht.[5] Ja, wir können sagen, dass

---

5 So oder so ähnlich behauptet von Winston Churchill, Sie erinnern sich.

Menschen sich auch verdammt oft selbst im Weg stehen, wenn sie beispielsweise direkten Kontakt zu Politikern über das Internet dazu nutzen, selbige zu beschimpfen und destruktiv zu sein. Ja, auch ich habe in diesem Buch diverse Gründe geliefert, warum Menschen manchmal eigentlich irgendwie scheiße sind. Gegner demokratischer Konzepte warten immer darauf, dass die Bevölkerung aufgeklärter wird, ehe sie auf Entscheidungen losgelassen werden soll. Ich postuliere, dass der Prozess genau andersherum laufen muss. Menschen müssen erst mit wichtigen Entscheidungen konfrontiert werden, um dann freiwillig selbst die Verantwortung zu übernehmen und auch zu tragen. Gesellschaft ist veränderbar. Wir verlieren das nur allzu häufig aus dem Blick über unseren Zynismus und die Schnapsphrase: »Die da oben machen doch eh, was sie wollen.«

Wenn Sie mit allem in der Politik zufrieden sind, können Sie die Änderungsvorschläge getrost ignorieren. Aber ich glaube nicht, dass die meisten zurzeit zufrieden sind. Was hindert uns also daran, mal etwas Neues auszuprobieren?

Schlusswort – Weisheit gehört ins Alter

Es war anstrengend dieses Buch zu schreiben. Nicht, weil ich zu wenig Ideen hätte, mit denen ich es hätte füllen können. Sondern weil ich für jeden kleinen Bereich Leute kenne, die ihn sehr viel besser hätten beschreiben können. Deren Ansichten dahingehend konsistenter sind, weil sie sich länger mit dem Thema befasst haben. Vielleicht, so fürchtete ich, würden einigen dieser Menschen meine Feststellungen banal erscheinen, vielleicht gar falsch. Es gibt so vieles, was es zu lernen gilt. So viele Thesen, die es zu entwickeln gilt. Hätte ich dieses Buch vor einem halben Jahr geschrieben, wäre es ganz anders geworden. Und hätte ich es ein Jahr später geschrieben, wäre es sicher wieder anders. Dieser Gedanke hat mich in eine echte Sackgasse gebracht. Ich konnte keinen Satz mehr niederschreiben, ohne ihn zu hinterfragen und mir unsicher zu sein. Ich habe diese Lähmung erst überwunden, als ich selbst die Fehlerkultur erlernte, die ich von Politikern fordere. Ich musste akzeptieren, dass ich es nicht jedem Leser recht machen werde. Dass ich irren werde und meine Aussagen vielleicht in einem Jahr wieder anpassen muss. Und diesem Risiko zum Trotz sollten wir alle dennoch unsere Ideen dort hinausstellen. Während wir auf den perfekten Gedanken warten, entgehen uns vielleicht zwanzig gute. Es ist eben eine Momentaufnahme, ein Mosaikstein, ein kleiner Beitrag in einer immerwährenden Diskussion darüber, wie wir zusammenleben können.

Als ich fünfzehn oder sechzehn war, war ich von dem Gedanken besessen, weise zu werden. Die Fähigkeit, alle Dinge ruhig, gelassen und richtig zu interpretieren und in ihren Kontext setzen zu können, erschien mir als große Tugend und absolut anstrebenswertes Ziel. Ich dachte früher, es sei eine Art Fehler, dass Menschen erst im Alter weise werden.

Ich bin erst später auf den Trichter gekommen, unglaublich viele Fehler zu machen. Nicht ganz mit Absicht, natürlich, aber jedenfalls ohne übertriebene Angst davor. Warum? Weil das Leben so funktioniert, dass alle Evolution irgendwie aus Fehlern und Versehen heraus passiert. Weil neue Gedanken eine hohe Wahrscheinlichkeit haben, unzutreffend zu sein, aber trotzdem auf die Möglichkeit neuer Erkenntnis hin ausgesprochen werden sollten. Ich habe gelernt, dass Weisheit ins Alter gehört. Die Jugend ist aber dazu da, Neues zu entwickeln. Unruhig und ungeduldig zu sein, nicht alles zu wissen und dabei trotzdem handlungsfähig zu bleiben.

Ich schreibe das nicht, weil ich Kritik fürchte. Im Gegenteil, ich mag Kritik, wenn sie vernünftig geäußert wird. Vielmehr geht es mir dabei um eine Haltung, die für fast alles, was in dem Buch steht, wichtig ist: um Neugier, Offenheit und die Bereitschaft sich selbst und seine Positionen in einem Lernprozess zu ändern.

Sähe ich mich am Ziel meiner Reise, hätte ich wohl für den Bundestag kandidiert. Doch genau dort sehe ich mich (vielleicht noch) nicht. Genau jetzt ist es so viel wichtiger, an anderen Stellen aktiv zu werden. Nicht als jemand betrachtet zu werden, der alles irgendwie ins Lot bringt. Weil wir als Gesellschaft so jemanden nicht brauchen und nicht bekommen werden. Wir müssen alle selbst anpacken. Darum möchte ich mich im Bereich der politischen Bildung engagieren. Ich will zeigen, was man außerhalb eines Parlaments alles verändern kann. Ich will gerade meine Generation dazu anhalten, ihre eigene Stimme zu erheben.

Die Welt steht auf der Schwelle einer Veränderung und alle stehen verwirrt davor. Und genau jetzt ist es wichtig wie nie, dass gerade die jungen Menschen politisch werden. Wir sind diejenigen, die ohne Angst einfach hingehen und machen. Wir sind diejenigen, die verstehen, dass Regeln veränderbar sind. Wir kommen direkt aus dem Leben, sehen die Welt um uns herum und beginnen, Fragen zu stellen. »Warum ist das so?« »Muss das so sein?« »Geht das auch einfacher? Oder besser? Oder gerechter?« Es ist zentral für jede Organisation, jede Stadt, jedes Land, sich wieder und wieder zu hinterfragen, um sich weiterzuentwickeln und zeitgemäß zu halten. Meine Generation hat etwas zu sagen. Darüber, wie Gesellschaft für uns funktioniert. Darüber, wie die Arbeit der Zukunft aussehen kann. Darüber, was die Belastungen der Lebensführung heute sind. Und manches von dem, was wir sagen, ist manchmal etwas naiv. Aber das ist gut! Wir dürfen uns bloß nicht zu früh davon abbringen lassen. Wir müssen bei unserer Meinung bleiben, auch wenn alte Männer uns sagen, dass wir schon daraus herauswachsen werden. Denn vielleicht werden nicht wir herauswachsen, sondern die Gesellschaft. Lassen Sie sich nicht davon blenden, dass wir noch nicht alles wissen. Wir brauchen niemanden, der uns an die Hand nimmt und uns sagt, wo und wie wir uns einzubringen haben. Wir brauchen offene Ohren. Wir brauchen Politiker, die auf Augenhöhe mit uns diskutieren. Denn dafür sind wir hier. Diskutieren, ausprobieren, entwerfen. Wir wollen die Gesellschaft gestalten, in der wir noch viele, viele Jahre leben werden.